本书为江苏省社科基金
政策实施效果研究"（

粮食最低收购价
政策实施效果研究

Research on the Implemental Effect
of Grain Floor Price Policy

■ 胡 迪 著

南京大学出版社

图书在版编目(CIP)数据

粮食最低收购价政策实施效果研究 / 胡迪著．
—南京：南京大学出版社，2023.12
 ISBN 978-7-305-27465-7

Ⅰ．①粮… Ⅱ．①胡… Ⅲ．①粮食市场—收购价格—政策选择—研究—中国 Ⅳ．①F724.721

中国国家版本馆 CIP 数据核字(2023)第 243225 号

出版发行	南京大学出版社
社　　址	南京市汉口路 22 号　　邮　编　210093
书　　名	粮食最低收购价政策实施效果研究 LIANGSHI ZUIDI SHOUGOUJIA ZHENGCE SHISHI XIAOGUO YANJIU
著　　者	胡　迪
责任编辑	王日俊
照　　排	南京开卷文化传媒有限公司
印　　刷	江苏凤凰数码印务有限公司
开　　本	718 mm×1000 mm　1/16　印张 10.75　字数 201 千
版　　次	2023 年 12 月第 1 版　2023 年 12 月第 1 次印刷
ISBN	978-7-305-27465-7
定　　价	88.00 元

网　　址：http://www.njupco.com
官方微博：http://weibo.com/njupco
官方微信号：njupress
销售咨询热线：(025)83594756

* 版权所有，侵权必究
* 凡购买南大版图书，如有印装质量问题，请与所购
　图书销售部门联系调换

本书为江苏省社会科学基金后期项目《粮食最低收购价政策实施效果研究》、江苏高校现代服务业协同创新中心专项课题《粮食安全视角下加快农业生产性服务业发展研究》的研究成果。

本书出版得到江苏省社会科学基金后期项目和江苏高校现代服务业协同创新中心专项课题资助。

书　　名：粮食最低收购价政策实施效果研究
著　　者：胡　迪
出版社：南京大学出版社

前　　言

粮食安全关乎经济发展、社会稳定和国家安全。为稳定粮食市场、促进粮食生产和保障农民收益,2004 年以来,政府部门相继出台了稻谷、小麦最低收购价政策和玉米、大豆等临时收储政策。这些政策的实施有效调动了农民种粮积极性,对稳定粮食市场和维护国家粮食安全起到了重要促进作用。然而,随着国内外粮食市场环境逐渐发生变化,粮食最低收购价政策的高频启动导致粮食供求矛盾加剧、国内外粮食价格倒挂、政府财政成本增加等负外部性显著,政策正向效应递减。2014 年开始,政府部门陆续对粮食托市政策进行改革,包括实施大豆目标价格补贴试点,出台玉米和大豆生产者补贴政策,下调稻谷和小麦最低收购价格,实施稻谷生产者补贴政策试点等。可以看到,我国粮食最低收购价政策正向效应逐渐递减和"黄箱"政策"超标"的双重压力下,粮食最低收购价政策已经处在改革的十字路口。对此,我们不禁疑问,粮食最低收购价政策实施背景下我国粮食市场呈现出怎样的特征?粮食最低收购价政策实施效果究竟如何?未来我国粮食最低收购价政策可能的改革方向又是怎样的?显然,对这些问题的探讨对于重新审视和评价我国粮食最低收购价政策,以及对政府接下来改革完善粮食支持政策体系均具有重要意义。

为回答上述问题,本书以我国粮食支持政策演进过程和粮食最低收购价政策主要内容为基础,选择小麦品种为例,从粮食市场价格、粮食产量和农民受益层面探讨粮食最低收购价政策的实施效果,并结合粮食支持政策的福利效应分析结果,对未来粮食最低收购价政策改革和完善提出优化思路。具体如下:

首先,结合我国粮食支持政策演进历程和粮食最低收购价政策主要内容,构建粮食最低收购价政策的分析框架;以粮食最低收购价政策为背景,从我国在世界粮食市场中的地位、我国粮食生产变化情况以及粮食价格变化情况,总结我国粮食市场特征,为接下来的实证研究提供现实基础;政策效果评价层面,选择小麦品种为例,采用实证分析法,从粮食市场价格、粮食产量和农户收益等层面评价粮食最低收购价政策实施效果。结果表明:① 价格方面。粮食最低收购价政策具有托市效应,政策实施能够显著提高小麦市场价格和降低市场价格波动率。② 产量方面。最低收购价政策能够显著提升小麦总产量和播种面积。政策实施前期,政策增产效应明显;政策调整阶段,小麦总产量并没有因播种面积持续增加而保持快速增长势头,政策增产效应逐渐减弱。考虑到小麦播种面积增加的不可持续性和政策增产效应的不断减弱,长期来看,粮食总产量增加取决于粮食单产水平提高。③ 收益层面。粮食最低收购价政策能够显著增加农户种植小麦的净收益,但随着政策的持续实施,粮食最低收购价格难以持续增长和生产成本高企双重压力下,政策增收效应逐渐减弱甚至消失。

进一步地,以我国粮食托市政策改革实践与箱体属性内容为基础,本书对比分析了粮食最低收购价政策和生产者补贴政策的社会福利效应。研究发现,在不考虑制度成本的情形下,两种政策实施均能够有效增加社会总福利;在考虑制度成本的情形下,粮食最低收购价政策实施过程中,政府需要支付粮食收购成本、粮食储存成本和政府监管等成本,政策成本不断增长会稀释政策福利效应甚至出现社会福利受损现象;粮食生产者补贴政策实施过程中,政府实际上对粮食生产者进行了转移支付,社会总福利没有发生变化,并且会因政策实施成本的存在而减少社会总福利。基于政策福利效应对比结果,本书认为,未来粮食最低收购价政策改革应以"市场定价为基础,价补分离为方向,配套措施为辅助"为原则,采取"保留最低收购价格托底功能,配套粮食生产者补贴,尽快推进脱钩补贴制度"的思路,逐步形成市场定价为基础的粮食价格形成机制,从而实现市场稳定、农民增收和粮食安全的政策目标。

总的来讲,粮食最低收购价政策的实施对于稳定国内粮食市场、促进粮食生产和增加农户收益起到了重要的促进作用,然而,随着政策的持续实施,国内粮食市场逐渐独立于国际市场,政策增产增收效应递减甚至消失,"黄箱"支持微量允许上限已经开始对我国价格支持政策构成实质性约束。因此,在严守"谷物基本自给,口粮绝对安全"这个底线的基础上,减少政府对粮食市场的过度干预,消除市场机制的扭曲作用,建立起以市场价格为基础的粮食价格形成机制才是现阶段以及今后时期我国粮食政策改革的目标与方向。对此,本书提出以下几点政策建议:一是要坚持粮食市场化导向,逐步推进粮食最低收购价政策改革;二是要逐渐降低粮食生产成本,多渠道增加农户收入;三是增加"绿箱"政策措施,重视保险和期货市场作用。

目 录

第一章 导 论 ··· 001
 第一节 研究背景与研究意义 ··· 001
 第二节 概念界定 ··· 004
 第三节 研究目标、研究内容与技术路线 ··· 007
 第四节 可能的创新与不足 ··· 010

第二章 粮食最低收购价政策研究议题：基于文献的全景描述 ··· 012
 第一节 粮食支持政策体系 ··· 012
 第二节 粮食价格支持政策实施效果 ··· 018
 第三节 粮食最低收购价政策实施困境与调整方案 ··· 023
 第四节 简要述评 ··· 029

第三章 我国粮食最低收购价政策分析的逻辑框架 ··· 030
 第一节 我国粮食支持政策演进历程 ··· 030
 第二节 我国粮食最低收购价政策主要内容 ··· 044
 第三节 粮食最低收购价政策分析框架 ··· 056
 第四节 本章小结 ··· 060

第四章 粮食最低收购价政策背景下的我国粮食市场特征 ··· 062
 第一节 我国在世界粮食市场中的地位 ··· 062
 第二节 我国粮食生产变化情况 ··· 065
 第三节 我国粮食价格变化情况 ··· 075
 第四节 本章小结 ··· 078

第五章 粮食最低收购价政策对粮食价格的影响：以小麦为例 ··· 080
 第一节 我国小麦价格的基本特征 ··· 080
 第二节 理论基础 ··· 081
 第三节 研究设计 ··· 083

第四节　粮食最低收购价政策影响粮食价格的实证结果分析 ……… 086
　　第五节　本章小结 …………………………………………………… 089

第六章　粮食最低收购价政策对粮食产量的影响：以小麦为例 ………… 090
　　第一节　我国小麦生产的基本特征 ………………………………… 090
　　第二节　研究设计 …………………………………………………… 097
　　第三节　粮食最低收购价政策影响小麦产量的实证结果分析 ……… 101
　　第四节　本章小结 …………………………………………………… 109

第七章　粮食最低收购价政策对农民收益的影响：以小麦为例 ………… 111
　　第一节　我国小麦生产成本收益的基本特征 ……………………… 111
　　第二节　研究设计 …………………………………………………… 116
　　第三节　粮食最低收购价政策影响农民收益的实证结果分析 ……… 118
　　第四节　本章小结 …………………………………………………… 122

第八章　粮食最低收购价政策改革思路浅析 ……………………………… 124
　　第一节　我国粮食托市政策改革实践与箱体属性 ………………… 124
　　第二节　粮食支持政策的福利效应分析 …………………………… 131
　　第三节　粮食最低收购价政策改革思路 …………………………… 141
　　第四节　本章小结 …………………………………………………… 144

第九章　研究结论与政策启示 ……………………………………………… 145
　　第一节　研究结论 …………………………………………………… 145
　　第二节　政策启示 …………………………………………………… 147

参考文献 …………………………………………………………………… 150

第一章 导 论

第一节 研究背景与研究意义

一、研究背景

为稳定我国粮食生产和调整粮食生产结构,2000年以来,稻谷、小麦、玉米等粮食品种陆续退出保护价范围,粮食价格由市场供求关系决定,政府运用价格杠杆调节粮食市场供需关系。然而,农民对保护价政策的长期依赖性和粮食经营市场化需求之间的矛盾导致国内粮食市场不确定性因素增加,农民生产决策失误,粮食播种面积下降,种粮收益稳定性受损。为稳妥推进粮食流通体制改革,《国务院关于进一步深化粮食流通体制改革的意见》(国发[2004]17号)提出,全面放开粮食收购市场,转换粮食价格形成机制。一般情形下,市场供求决定粮食价格,国家在充分发挥市场机制的基础上实行宏观调控,当粮食供求发生重大变化时,为保证市场供应稳定和保护农民收益,必要时可由国务院决定对短缺的重点粮食品种在主产区实施最低收购价格。为认真贯彻上述文件精神,2004年以来,我国陆续出台了稻谷、小麦最低收购价政策,以及玉米、大豆等临时收储政策[①],这些政策的实施主要通过托市收购以实现粮市稳定、粮食增产、粮农增收等政策目标。

粮食最低收购价政策在稳定粮食市场预期、调动农民种粮积极性和维护国家粮食安全等方面具有重要促进作用(程国强等,2013)。政策出台以来,国际粮食市场连年丰收,国际粮食价格不断下降,国内粮食生产成本不断上涨,

---

[①] 粮食最低收购价政策和临时收储政策内容略有不同,但实质相同,都是政府代理机构在市场价格低于政策价格时进行政策性收购,故临时收储政策可以看作是粮食最低收购价政策的一个特殊形式(王士海等,2012)。

2013年以来，我国稻谷、小麦、玉米等粮食品种陆续突破国际价格"天花板"，并且国内外粮食价差呈持续扩大态势，政策负外部性逐渐凸显（程国强，2011；樊琦等，2015）。一方面，政策高频启动导致粮食最低收购价格成为影响农户生产决策的重要价格，市场价格逐渐丧失信号导向作用，"政策市"取代"市场市"发挥市场引导作用（马晓河，2016）；另一方面，政府通过不断提高粮食最低收购价格刺激粮食生产，导致粮食流通成本上涨、农户种粮增收乏力、粮食供求矛盾加剧、政府财政负担沉重等负面影响（刘振滨等，2016；曹慧等，2017），政策净福利效应逐渐下降，长期来看，通过持续提高粮食最低收购价格以实现保障粮食生产等多重目标的方式实在难以为继。2016年，中央1号文件提出建立玉米生产者补贴制度；2017年，大豆结束三年目标价格补贴政策试点后改为实行市场化收购加补贴机制；由于稻谷和小麦是主要的口粮品种，政府部门并未取消粮食最低收购价政策，而是对粮食最低收购价格进行了一定的调整。2015年，连续增长多年的稻谷和小麦最低收购价格首次出现与上年持平现象，2016年、2017年、2017年和2018年，早籼稻、中晚籼稻、粳稻和小麦最低收购价格分别首次出现下调现象，近几年，粮食最低收购价格均有所提升，如2019年以来早籼稻最低收购价格持续上涨，2020年以来小麦最低收购价格也不断提高。

我国小麦总产量与消费量均位居世界第一位。小麦最低收购价政策实施以来，农民种粮积极性逐步提高，小麦播种面积和总产量显著提升。2021年，我国小麦播种面积和总产量分别为23 567千公顷和13 694万吨，占国内粮食播种面积和总产量的20.03%和20.05%，与2005年相比，小麦播种面积和总产量分别增加3.40%和40.52%。作为主要的大宗类商品粮食作物和重要的战略储备粮品种，小麦在我国粮食生产、流通与消费等环节具有重要地位。截至2023年，我国稻谷最低收购价政策已经出台20年，小麦最低收购价政策也出台18年之久，那么，我国粮食最低收购价政策实施背景下的粮食市场表现如何，粮食最低收购价政策实施效果怎么样？以及未来我国粮食最低收购价政策可能的改革思路是什么？这些都是亟待回答的重要问题。对于这些问题的研究，不仅有助于重新审视和评价我国粮食最低收购价政策实施效果，也有益于对政府接下来进一步改革粮食最低收购价政策和完善粮食支持政策体系提供理论依据。对此，本书尝试从粮食最低收购价政策的基本目标出发，以小麦品种为例，对我国粮食最低收购价政策实施效果进行客观评价，并以此为基础，结合国内粮食托市政策改革的实践与政策箱体属性情况,通过对比粮食最低收购价政策和生产者补贴政策的社会福利效应,从而提出我国粮食最低收购价政策改革的基本思路。

二、研究意义

粮食最低收购价政策的实施在稳定国内粮食市场、提高粮食产量和增加农民收益等方面起到了重要促进作用,如 2004 年至 2015 年,我国粮食生产实现"十二连增",在国内乃至世界粮食史上均留下了浓墨重彩的一笔。然而,值得注意的是,截至 2023 年,粮食最低收购价政策在我国已实施 20 年之久,政策实施期间,国内国际粮价"倒挂"等弊端不断显现。实际上,正常的市场价格形成机制应该是粮食市场供需关系的真实反映,远高于市场价格的粮食最低收购价格对市场供求关系产生了较大的误导,而市场又不具备矫正粮食最低收购价格的能力,从而导致市场对资源配置的紊乱。因此,合理评价粮食最低收购价政策实施效果并探讨政策可能的改革思路对于补充和完善已有政策研究内容等方面具有重要意义。具体来看:

一是充实了关于粮食最低收购价政策内容的研究。本书对我国粮食支持政策演进历程和粮食最低收购价政策基本目标、具体内容、作用路径等进行梳理与总结,不仅有助于揭示我国粮食支持政策的演进方向,而且有利于全面了解和掌握我国粮食最低收购价政策内容,对于深刻理解我国粮食最低收购价政策的运行机制及评价政策效果具有参考意义。

二是丰富了关于粮食最低收购价政策效果的研究。本书以粮食最低收购价政策为背景,基于我国粮食市场运行及农户种粮收益现状,以小麦品种为例,从粮食市场价格、粮食产量和农户收益等层面出发,客观评价我国粮食最低收购价政策实施效果,有助于深入了解政策实施现状,以提高政策执行效率和质量,并对未来粮食最低收购价政策改革思路探析提供现实依据。

三是探讨了关于粮食最低收购价政策改革的基本思路。对于任何一项粮食支持政策来讲,其改革的主要原因在于,政策实施负外部性日益沉重背景下政策实施的制度成本远高于社会总福利。本书以粮食最低收购价政策实施效果为基础,通过对比粮食最低收购价政策和生产者补贴政策的社会净福利效应,提出了我国粮食最低收购价政策可能的改革思路,对政府接下来完善粮食最低收购价政策和深化粮食价格支持政策改革提供了理论参考。

第二节　概念界定

一、粮食的内涵与外延

（一）传统的粮食概念

在我国古代字义中，"粮"与"食"是相互区别的两个字。"粮食"一词最早出现在《周礼》中。根据《周礼·地官·廪人》，"凡邦有会同师役之事，则治其粮与其食。"郑玄注："行道粮，谓糒也；止居曰食，谓米也。"因此有了"行道曰粮，止居曰食"的说法，其中，"粮"主要指行人携带的干粮和行军作战所备的军粮，"食"是指长居家中所吃的米饭。后来，这两个字逐渐并称为"粮食"，但更多时候是用"百谷""五谷"来代指粮食。如《诗经》中《国风·豳风·七月》"昼尔于茅，宵尔索绹。亟其乘屋，其始播百谷"和《周礼·天官·疾医》"以五味、五谷、五药养其病"均用"百谷""五谷"来代指粮食。当然这里的"五谷"是谷物的统称，并非局限于五种谷物，主要包括粟类、稻类、麦类、菽类、麻类等。

根据《粮食经济四百题》等资料，我国传统的粮食概念有广义与狭义之分。广义上来讲，粮食主要是谷类作物、食用豆类作物与薯类作物的集合，其范围涵盖农业生产过程中的各种粮食作物，这与国家统计局每年公布的粮食产量概念基本保持一致。狭义上来讲，粮食是指谷物类，也就是禾本科作物，主要包括小麦、稻谷、玉米、高粱等作物，习惯上还包括蓼科作物荞麦，这也是国际上所称的"谷物"。在近代各种词典中，粮食的解释主要是可供食用的谷类、豆类和薯类的统称（冯建国，2014），这与我们的广义的粮食概念是相对一致的。

（二）粮食部门的粮食概念

粮食部门的粮食概念主要指该部门经营管理的商品品种，包括谷物、豆类和薯类，一般按照贸易粮的口径进行统计。新中国成立后，为了方便汇总和比较不同地区之间的粮食统计资料，粮食部门制定了统一的粮食分类标准与排列顺序，并随着时间的变化进行了相应的调整。具体来看，1950年，粮食品种包括小麦、大米、大豆、小米、玉米、高粱和杂粮七大类。1952年，粮食由七大品种变为四大品种，包括小麦、大米、大豆和杂粮。1953年，粮食部门再次修改统计口径,粮食品种改为包括小麦、大米、大豆、杂粮和薯类五大品种。1964年,"杂粮"名称改为"玉米等"名称,粮食种类变为小麦、大米、大豆、玉米等和薯类。1994年,粮食变为新五大品种,分别是小麦、大米、玉米、大豆和其它,这次之后粮食品种分类结果并未调整并一直沿用至今(肖春阳,2013)。

进一步地,根据粮食商品品种领域和作用对象的不同,粮食部门又将粮食品种划分为原粮、成品粮、混合粮和贸易粮四种。具体来看:

原粮。原粮又称为"自然粮",是指经过收割、打场和脱粒等程序后没有加工的粮食的统称,如稻谷、小麦等。一般来讲,原粮具有完整的外壳或保护组织,在防虫、防霉和耐储性等方面都高于成品粮(具体概念详见下个自然段)。全社会粮食产量的统计一般是原粮数量,在统计原粮数量时,成品粮数量要按照规定的转换率折算成原粮数量。

成品粮。成品粮也称为"加工粮",是指经过脱皮去壳的或碾成粉状的粮食,如大米、面粉等。其中,部分不经过加工即可制作食物的原粮也是成品粮,如薯干等。与原粮统计方法相似,在统计成品粮数量时,不是成品粮的品种要根据规定的转换率折算成成品粮。我国城镇居民口粮和饮食、食品行业的粮食供应数量均按照成品粮数量进行统计。

混合粮。混合粮又称为"实际粮",是原粮与成品粮的统称。为了便于直接观察和比较实际的经营情况,基层粮食部门一般采用混合粮分类方法统计粮食数量,即按照经营活动发生的实际粮食品种进行排列,如小麦、面粉、稻谷、大米、大豆等,涉及指标包括年粮食经营量等。

贸易粮。贸易粮是粮食部门计算粮食收购、销售、调拨、库存使用的粮食品种的统称。在计算贸易粮的时候,原粮或成品粮均要折合成贸易粮,如稻谷要折合成大米,面粉要折合成小麦。

值得一提的是,通过粮食品种划分标准可以看到,不同粮食品种的划分并不是绝对排斥的,同一种粮食作物适应于不同的统计场景,如对于小麦作物而言,它既是原粮又是贸易粮,而对于大米而言,它既可以是成品粮也可以是贸易粮(肖春阳,2009b;肖春阳,2013)。因此,在进行粮食作物的数量统计与对比时,应将不同的粮食作物置于统一的场景进行计量。

(三) 国外的粮食概念

相较于中国的粮食概念,国外常用的食物和谷物概念具有较大的差异性。

具体来看:Food 翻译成中文是食物,主要是为生物提供能量可供食用的干物质,是相对于可供饮用的液体物质而言的。Grain 翻译成中文是谷物。根据联合国粮食及农业组织(Food and Agriculture Organization of the United Nations,FAO)在 1999 年出版的中文版《生产年鉴》中,谷物详细目录有小麦、稻谷、粗粮(包括大麦、玉米、黑麦、燕麦、小米、高粱)。对于稻谷(Rice)品种来讲,FAO 在统计粮食生产总量时,一般采用"稻谷"这一原粮概念;在统计粮食贸易总量时,一般采用"大米"这一成品粮概念,有时也会使用"稻米"这一混合粮概念,主要原因是各国报送的统计报表中有的指代的是稻谷,有的理解为大米或者糙米。因此,FAO 每年公布的世界谷物总产量中,我国常将其译为"世界粮食总产量",但这里的粮食实际上是不包括豆类和薯类的。

(四) 粮食概念的外延

随着经济的发展和科技的进步,人们对粮食概念的理解不断更新和扩展,部分学者提出了木本粮油、大粮食、粮用果树等概念(中华人民共和国林业部森林经营司森林副产处,1965;侯学煌,1981;罗瑞鸿等,2011)。具体来看:木本粮油是木本粮食和木本食用油料的合称,包含以板栗、枣等为主的木本粮食和以油茶、核桃等为主的木本食用油料(洪燕真等,2017),发展木本粮油产业对缓解粮油供需矛盾和维护国家粮油安全具有重要的战略意义(谭晓风等,2012)。大粮食概念提出者侯学煌(1981)认为,单纯抓谷物类粮食供给,不仅无法解决粮食问题,还会破坏生态平衡。粮食范畴不应只局限于水稻、小麦等几种以淀粉为主的禾本作物,肉、奶、蛋等动物蛋白质和植物蛋白、植物油以及蔬菜、水果和食糖等食物都应看作粮食,即"凡是能吃并为人体提供所需营养的物质都是粮食"。此外,冯建国等(2014)也对"大粮食"概念进行了界定,是指主要营养成分与传统粮食相近,并且能够提供足够的能量、蛋白质、碳水化合物、脂类等营养的食物。

二、本书中的粮食概念

基于上述关于粮食概念内涵与外延的概括与总结,本书提到的粮食为广义的粮食范畴,是指谷类作物、食用豆类作物和薯类作物的集合,本书涉及的粮食品种主要包括稻谷、小麦、玉米和大豆四类,粮食产量数据均指原粮数据,粮食价格数据均采用原粮价格数据。此外,考虑到统计口径的一致性,下面的研究对于国内外粮食产量的比较分析中,粮食品种仅包括稻谷和小麦两大类,具体情况在相关章节中也进行了明确的说明。

第三节 研究目标、研究内容与技术路线

一、研究目标

本书通过梳理我国粮食支持政策演进历程,总结粮食最低收购价政策基本内容,以小麦品种为例,从粮食价格、粮食产量和农户收益等层面出发对粮食最低收购价政策实施效果进行客观评价,然后在对比粮食最低收购价政策和生产者补贴政策社会福利效应的基础上,试图厘清未来粮食最低收购价政策可能的改革方向,并对未来我国粮食最低收购价政策改革思路进行探讨。

针对本书的总体目标内容,可落实为以下四个具体目标:

第一,构建粮食最低收购价政策分析框架。本书通过概括和总结我国粮食支持政策演进历程、政策基本目标、政策具体内容和政策作用路径,结合政策基本目标,构建粮食最低收购价政策分析框架,为接下来评价粮食最低收购价政策实施效果和提出政策改革思路提供理论基础。

第二,总结我国粮食最低收购价政策市场特征。这一目标导向下,重点对我国粮食最低收购价政策实施背景下的粮食市场特征进行总结和分析,包括我国在世界粮食市场中的地位,我国粮食生产变化情况和粮食价格变化情况等,以期为接下来的实证研究提供现实依据。

第三,评价我国粮食最低收购价政策实施效果。我国粮食最低收购价政策已经实施了20年之久,政策连年启动对国内粮食价格、粮食产量和农户收益均产生了深刻的影响。本书通过实证分析粮食最低收购价政策对粮食市场价格、粮食产量和农户收益等方面的影响,以期对我国粮食最低收购价政策实施效果进行全面和客观地评价。

第四,探讨未来粮食最低收购价政策改革方向。2014年开始,政府相继对玉米和大豆实施了生产者补贴政策,并对稻谷进行生产者补贴政策试点。本书在对粮食最低收购价政策实施效果进行客观评价的基础上,通过分析我国粮食托市政策的改革实践与政策箱体属性情况,对比粮食最低收购价政策和生产者补

贴政策的福利效应,试图提出未来粮食最低收购价政策改革的基本思路。

二、研究内容

首先,本书阐述了研究背景与研究意义,界定了粮食的相关概念,对研究目标、研究内容进行了说明并绘制出技术路线图,同时提出了本书可能的创新与不足。其次,本书聚焦粮食最低收购价政策这一议题,从粮食支持政策体系、粮食价格支持政策实施效果、粮食最低收购价政策实施困境与调整方案三个方面出发进行了文献梳理与总结,并对我国粮食支持政策演进历程和粮食最低收购价政策目标、内容和作用路径进行了概述,提出了关于粮食最低收购价政策的分析框架。进一步地,本书使用国内粮食价格数据和省级层面统计资料,分析了粮食最低收购价政策背景下我国粮食市场特征,并以小麦品种为例,从粮食市场、粮食产量和农户收益层面分析了粮食最低收购价政策的实施效果。最后,通过对比粮食最低收购价政策和生产者补贴政策社会福利效应,试图厘清我国粮食最低收购价政策的改革方向,并提出未来我国粮食最低收购价政策的改革思路。具体来看:

研究内容一:粮食最低收购价政策内容概述。通过梳理我国粮食支持政策的演进历程,概括和总结粮食最低收购价政策目标、政策具体内容和作用路径,构建粮食最低收购价政策的分析框架,为接下来评价粮食最低收购价政策实施效果和探讨政策改革基本思路提供理论基础。

研究内容二:粮食最低收购价政策实施现状。以粮食最低收购价政策为背景,从我国在世界粮食市场中的地位、粮食生产变化情况和粮食价格变化情况等层面出发,对我国粮食市场的基本特征进行概括和总结,为接下来评价粮食最低收购价政策实施效果和提出政策改革基本思路提供现实依据。

研究内容三:粮食最低收购价政策效应评价。粮食最低收购价政策目标具有多重性,包括稳定市场、提高产量和增加收益等多个方面。本书以小麦品种为例,采用固定效应模型、DID模型等模型,实证检验粮食最低收购价政策对粮食市场价格、粮食生产以及农户种粮收益等方面的影响,从而实现对粮食最低收购价政策实施效果的客观评价。

研究内容四:粮食最低收购价政策改革思路探析。首先分析我国粮食托市政策改革实践与箱体属性情况,对比粮食最低收购价政策和生产者补贴政策社会福利效应,比较两项粮食支持政策的制度成本差异,在此基础上探讨未来我国粮食最低收购价政策改革的基本思路,以期为政府接下来改革粮食最低收购价政策提供理论依据。

三、技术路线

根据研究目标与内容,本书的技术路线如图 1.1 所示。

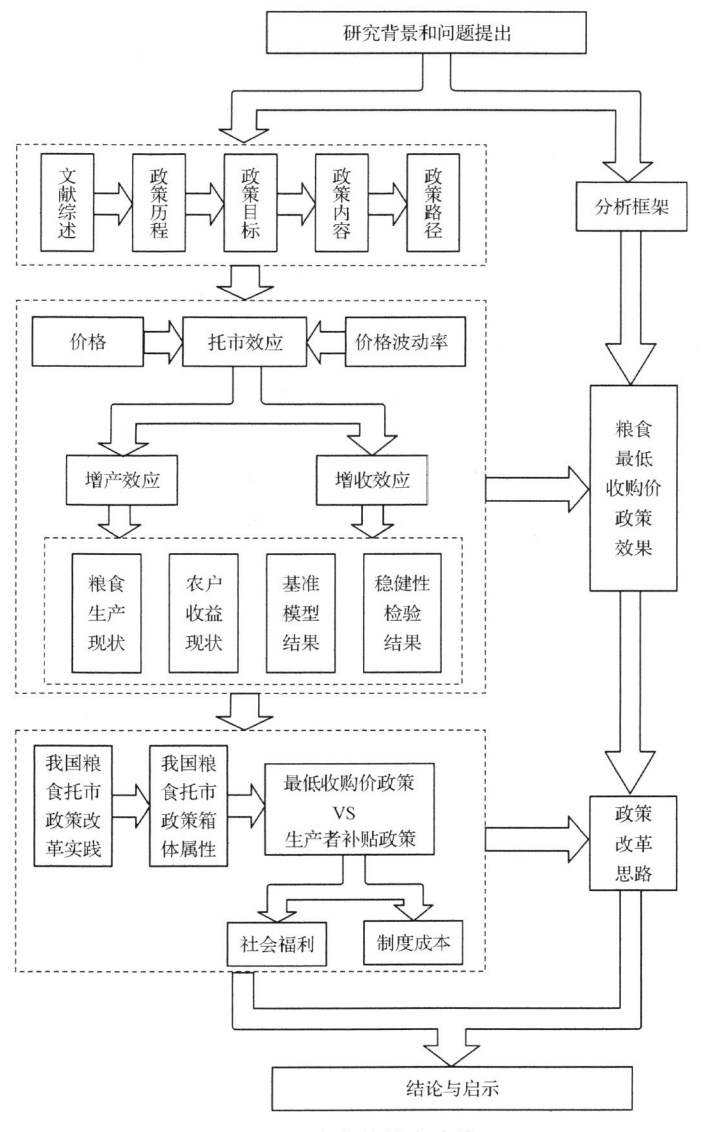

图 1.1 本书的技术路线

第四节　可能的创新与不足

一、可能的创新

相较于已有研究,本书可能的创新点主要包括以下几个方面:

研究内容上,本书从粮食市场、粮食产量和种粮收益等层面出发,全面客观地评价了粮食最低收购价政策的托市效应、产量效应和收益效应,然后对比分析了粮食最低收购价政策和生产者补贴政策的社会福利效应,将粮食最低收购价政策的实施效果和政策改革思路纳入同一分析框架,丰富了已有关于粮食最低收购价政策的研究内容。

研究方法上,一方面,评价我国粮食最低收购价政策实施效果时,本书采用动态与静态相结合的方法,不仅分析了政策实施对粮食市场、粮食产量和农户收益的总体影响,还对不同时间段粮食最低收购价政策的产量效应和收益效应进行动态比较,使得政策效果评价更为全面与客观;另一方面,考虑到基准结果的内生性问题,本书采用双重差分法和倾向得分匹配—双重差分法对粮食最低收购价政策对粮食产量和农户收益的影响进行评估,使研究结果的准确性得到提升。

研究意义上,粮食最低收购价政策的实施对于稳定粮食市场、提高粮食产量和保障农民种粮收益等方面发挥了重要促进作用,但政策持续启动也导致市场价格无法真实地反映粮食供求关系,从而导致市场对资源配置的紊乱。此外,连年提高的粮食最低收购价格似乎无法赶上粮食生产成本的增长速度,政策增收效应逐渐减弱,且政府财政负担较重。在这样的背景下,基于政策现有实施效果,对比粮食最低收购价政策和生产者补贴政策社会福利效应,尝试探讨未来我国粮食最低收购价政策可能的改革思路,对于政府接下来完善我国农业支持政策具有一定的参考价值。

二、可能的不足

考虑到粮食最低收购价政策实施涉及主体的多样性、政策实施效果的复杂性以及作者自身知识的局限性,本书存在诸多不足之处:一是数据获取问题。尽管本书在数据收集与整理方面尽量做到精准与完善,尽可能地选择最具权威的数据进行分析,但部分指标统计渠道的多样性导致部分数据获取存在差异性,并且部分指标无法获取,数据获取问题可能会对部分实证研究结果的稳健性存在影响。二是研究主体方面,粮食最低收购价政策实施涉及农户、企业、政府等多个市场主体,各主体相互之间的关系也较为复杂。限于主客观原因,本书主要从宏观层面评价了粮食最低收购价政策的实施效果,对政策福利效应的研究仅限于理论探讨,研究主体包括生产者、消费者和政府层面,并未考虑到粮食收购企业等其他主体的关系以及对全球市场的影响,也没有对两项粮食支持政策的福利效应进行量化分析。当然,这些问题也是作者接下来需要考虑与完善的问题。

第二章 粮食最低收购价政策研究议题：
基于文献的全景描述

粮食最低收购价政策一直是政界与学术界关注的重点问题。国内外学者从不同视角出发，对粮食最低收购价政策相关议题进行了全面深入的研究。考虑到探讨粮食最低收购价政策需要在特定历史时期和社会环境下诠释，本章从文献的全景描述出发，主要选取与本研究具有相关性的文献，重点结合粮食支持政策体系、粮食价格支持政策实施效果及粮食最低收购价政策实施困境等内容进行简要述评。

第一节 粮食支持政策体系

一、国内外粮食支持政策体系

粮食问题是人类生存和发展面临的首要问题。为实现保障粮食供给、促进农民增收、提高国际市场竞争力等不同政策目标，各国政府在不同时期出台了侧重程度不同的粮食支持政策。

（一）国内粮食支持政策体系

农业产业的弱质性与基础性决定了政府需要出台各项政策来扶持农业生产发展和实现社会经济稳定。新中国成立以来，国内粮食支持政策先后经历了自由购销、统购统销、购销"双轨制"、保护价收购和购销市场化等多个阶段。2004年以来，为全面推进国内粮食市场化改革，政府部门相继出台了种粮农民直接补贴、良种补贴、农资综合补贴、农机具购置补贴等粮食直接补贴政策、粮食最低收购价政策等价格支持政策，以及耕地保护政策、农田水利设施建设政策、农业税费改革政策、农业保费保险补贴政策、粮食科技政策等其他粮食支持政策,这些政策的实施有效调动了农民生产积极性,粮食产量稳步提升,为提升国家粮食安全水平和有效解决国内"三农"问题提供了重要保障(彭澧丽,2014;Jiang 等,2012;Wei 等,2015)。

现阶段,我国已初步形成了较为完整的粮食支持宏观调控体系,政策措施包括直接补贴、价格支持、储备调节、进出口调剂等多种类别(程国强等,2013)。近年来,由于国内外粮食市场环境发生深刻变化,部分粮食支持政策也进行了相应的调整。2014 年,中央政府启动大豆和棉花目标价格补贴政策试点;2017 年,大豆目标价格补贴政策试点取消后改为"市场化收购+补贴"机制(廖进球等,2018;周静等,2019a;胡迪等,2019)。2016 年,玉米临时收储政策调整为"市场化收购+补贴"的生产者补贴制度。同年,我国实施"三项补贴"制度改革,将种粮农民直接补贴、良种补贴和农资综合补贴合并为适度规模经营补贴和耕地地力保护补贴,统称为农业支持保护补贴(周静等,2019b)。

(二) 国外粮食支持政策体系

对粮食等农业实施补贴和保护是发达国家的通行做法。尽管各国农业资源禀赋差异较大,政策目标也不尽相同,价格支持始终是发达国家农业支持政策的基础性措施(程国强,2009)。1929 年,世界经济危机导致农业收入下降,各国采取价格支持、减免农业税等多项措施增加农业收入(Fauvel 等,1968)。1933 年,美国颁布实施与信贷相结合的最低保护价制度,该项政策此后历经多次调整,但仍是美国农业补贴政策的基础性政策。欧盟共同农业政策中以增产为导向的价格和市场干预措施、日本稻米价格支持和泰国大米价格支持计划等政策措施均具有价格支持性质(Tekin,1974;Inomata,1986;钟钰等,2014;马红坤等,2019)。

除了价格支持以外,为降低政府财政负担和适应 WTO 规则,发达国家农业支持政策体系还包括直接补贴政策。1996 年,美国农业法案取消"差额补贴",授权商品信贷公司与农民签订生产弹性合同,每年给予农民固定补贴以取代过去的差额补贴;2002 年,新法案"直接补贴"基本延续了生产弹性合同下的补贴方式;2008 年,农业直接补贴力度增强,补贴范围扩大(Orden 等,1999;Harwood,2009;吴雪燕,2010)。针对生产过剩问题,以麦克萨里计划为标志,欧盟逐渐调低支持价格,采取补偿援助或者补偿金制度来抵消价格下调对农民收入的影响,同时逐渐减少价格支持,用直接支付制度取代价格干预(Kiryluk-Dryjska 等,2019)。2004 年开始,日本实行"水稻生产收入稳定计划",对农户实行差价补贴政策(程国强,2009;杨军,2015)。

近年来,各国农业支持政策体系更加注重对农业资源与环境的保护,陆续增加了农业保险的支持力度等,如美国的价格损失保险计划和农业风险保障计划(OECD,2014;果文帅等,2016);欧盟的环境保护、动物福利和食品安全标准等,对于保障生态系统长期稳定均具有重要促进作用(Pe'er 等,2014;董利苹等,2017)。

二、粮食支持政策实施的必要性

农业产业的基础性地位决定了其发展离不开国家政策的支持与保护。法国古典政治经济学创始人布阿吉尔贝尔(1705)指出,农业是财富的真正源泉,一切财富来源于土地的耕种,政府必须支持农业的发展。凯恩斯主义从市场失灵的角度出发,提出市场在资源配置过程中会出现低效或者无效现象,政府需要进行干预(Hale,1976)。萨缪尔森(1954)从公共产品、市场失灵和政府作用等角度阐述了农业生产的准公共物品属性,政府必须增加农业支持,从而保证农产品的有效供给。张红宇等(2006)则认为,农业具有联合生产、外部经济、公共产品特征,为使农业资源配置和外部经济表现为帕累托最优状态,保证农业的公共产品供给,政府必须对农业予以支持。对此,本部分主要从粮食生产准公共产品性、粮食产业弱质性和福利经济学等理论角度来阐述粮食支持政策对粮食产业健康发展的必要性。

(一)公共产品理论

公共产品理论认为,社会产品按照其在消费过程中受益人的不同可以划分为三类,即公共产品、私人产品和准公共产品。具体来讲,公共产品是指每个人消费这种产品时不会影响其他人对这种产品的消费。公共产品具有消费非竞争性、效用不可分割性和受益非排他性等特征。私人产品是指个别消费者占有或者享用的产品,私人产品具有敌对性、排他性和可分性特征。准公共产品介于公共产品和私人产品之间,具有有限非竞争性或有限非排他性特征(Samuelson,1954)。

从产品供给角度看,公共产品无法通过市场来实现有效率的供给(Dollery 等,1997)。理性的消费者一般不愿意购买此类产品,而是期待他人购买,自己坐享其成,从而产生搭便车的心理。因此,即便有人愿意提供公共产品,市场上提供的公共产品数量也远不能满足社会经济发展需要的公共产品数量。为弥补公共产品供给不足这一市场缺陷,满足经济发展的实际需要,政府部门必须是公共产品的主要供给方,并在市场失灵的情形下实现对公共产品的有效供给(Holcombe,2000)。私人产品通过出价竞争可以实现对他人消费的排斥,完全可以由市场来提供。相较于公共产品和私人产品,准公共产品不充分的非竞争性和非排他性特征使得该类产品的市场供给数量不足以满足市场需求量,并且极易造成社会资源配置效率损失,因此一般采用市场与政府相结合的供给方式。

根据公共产品理论,粮食本身是私人产品,但同时具备有限的非竞争性和有限的非排他性,故属于准公共产品范畴。从粮食生产条件来看,粮食产业属于比较收益较低的基础性产业,单纯依靠粮食产业收益无法有效提供或者改善现有生产条件,尤其是水利和交通建设等基础设施,必须依赖于政府的财政投入。从粮食产品消费角度来看,一方面,粮食消费具有非竞争性。随着生活水平的提高,粮食成为不可或缺的商品,其消费需求的刚性特征带来了粮食消费的非竞争性,这里的非竞争性主要指粮食消费的必需性、平等性和道义性。另一方面,粮食消费具有非排他性。个体粮食消费数量在粮食总消费量中的比例是极低的,个体粮食消费数量增加并不会影响到其他个体对粮食的消费,即使市场上存在粮食短缺现象,国家也会通过粮食进口、调拨甚至限制消费等措施来保障个体能够分配到一定数量的粮食,从而维护社会稳定。总的来讲,粮食准公共产品的属性使得粮食生产与国家公共产品供给存在密切相关性,粮食生产能力的提升必须依赖于国家的宏观调控,为抵消粮食生产者面临的外部性损害,保护农民合理利益,国家需要对粮食生产者提供补贴(陆福兴,2011)。

(二) 弱质性理论

目前并没有一个准确的关于粮食产业弱质性的定义。王玉霞等(2004)指出,农业弱质性是指农业产业部门比较收益低于国民经济其他产业部门,在市场竞争中处于不利地位。吴应华等（2002）也提到，农业是一种高风险与低收益并存的弱质性产业。市场经济条件下，农业生产者一方面要面临各种农业生产的自然风险，另一方面还要承担各种市场风险和政策不确定性风险。鉴于农业在国民经济中的基础性地位和农业生产面临的各种风险，世界各国都会对农业予以应有的支持与保护。与大多数农产品一样，粮食生产也具有弱质性特征，需要政府部门予以资金支持。

粮食生产的弱质性特征可以概括为以下三个方面。

一是粮食生产面临自然风险与市场风险双重风险。农业生产的对象是生命有机体，不论经济再生产过程的社会性质如何，在农业部门内，经济再生产过程总是与自然再生产过程交织在一起的（Marx 等，1932）。具体到粮食作物，一方面，粮食生产是利用生命有机体生产和繁育的自然规律来获得粮食产品的过程，粮食生产条件一定程度上决定了粮食的产量和质量。由于生命有机体赖以生存的自然环境处于不断变化中，粮食生产因此呈现出自然风险大的天然弱质性（李德锋，2004）。此外，粮食产品也是生命有机体，其易腐性、不耐储存性等特征增加了农民的储存费用，粮食供给面临严峻的市场风险（吴敌等，2004）。另一方面，粮食生产周期比较长，粮食供给调整滞后于市场需求变化。粮食生产者一般根据上一周期市场信息作出本期生产决策，在当年的粮食上市后，市场供求情况可能已经发生了较大的变化，而不论市场需求产生怎样的变化，当年的粮食市场供应规模已成基本事实，粮食生产者难以根据市场需求情况及时有效地调整供给规模，尤其是增加粮食供应量。

二是粮食生产面临低投资回报率和低市场竞争地位压力。市场经济条件下，资本逐利性特征决定了市场资源总是从低收益率部门和行业向高收益率部门和行业流动（Kalemli-Ozcan 等，2010）。一般来讲，非农产业生产周期性间隔时间可以忽略不计，一个生产周期结束之后能够立刻投入到相邻的生产周期（曾庆芬，2007）。相较于非农产业，粮食不仅生产周期长，而且相邻生产周期的时间间隔也比较长，资金循环周期长、固定资产利用率低、投资回报时间长等特征导致粮食产业对逐利资本缺乏足够的吸引力（武文，2004）。比较利益驱动下，劳动、资本、技术等粮食生产要素必然向收益较高的非农产业流动，这些生产要素的流出使得原本就得不到充分补充的农业资源更加缺少（刘艳，1998），部门之间的生产要素流动处于恶性循环状态，粮食产业弱质性特征进一步加剧。

三是粮食收益弹性低,市场扩张能力差。基本心理法则表明,一般来讲,当人们收入水平增加时,消费占比会随之增加,但没有收入增加的那样多(Keynes,1936)。恩格尔定律也表明,收入水平不断提高使人们对粮食等基本农产品的支出比重不断下降。随着国家经济的不断发展,农业产业可能面临市场发展潜力不足等问题(高帆,2006)。工业产品一般是发展性资料和享受性资料,而粮食等农产品属于生存性资料,其在个体需求层次中排在低水平的位置。随着居民收入水平的不断提高,个体会更倾向于享受性产品的消费,对粮食等农产品的需求会相应下降,市场容量增长乏力(李德锋,2004)。粮食部门提供的产品主要是粮食,粮食的需求收入弹性较低,粮食市场容量的有限性可能会导致粮食供求出现大起大落现象,从而将粮食置于市场交换中的不利地位(Kahlon,1990)。

(三) 福利经济学理论

福利经济学是一门评价与判断稀缺性资源使用效果的学问,它以研究社会经济发展和福利改善的关系为宗旨,常用于研究社会经济资源配置效率和国民收入分配公平性等问题(Feldman 等,2006)。我国工业化进程早期阶段,社会资本的积累在很长一段时期内是通过牺牲农民利益实现的,换句话说,农民福利受损对增加社会总体福利具有重要促进作用。然而,在城乡二元结构背景下,随着经济增长三大引擎边际贡献逐渐降低,继续牺牲农民福利已经无助于提高社会整体福利,并且"效率优先"原则导致社会总体福利下降,"兼顾公平"变得更加重要。

帕累托最优设计常用于经济学、认知心理学等学科(Raghavarao 等,1998)。根据帕累托最优理论,假定固有的一群人和可分配的资源,从一种分配状态到另一种分配状态的变化中,没有任何人的境况变差,但至少有一个人的境况变得更好。从福利经济学角度来看,粮食支持政策会影响生产者福利和消费者福利。De Gorter 等(1993)研究发现,粮食补贴政策不仅能够提高农民种粮积极性,还对世界农产品价格、贸易和福利存在重要影响。在市场经济条件下,生产者剩余和消费者剩余与粮食市场均衡价格和均衡数量是密切相关的。粮食支持政策实施过程中,粮食市场可能会产生新的均衡价格和均衡数量,相应地,生产者福利和消费者福利也会发生相应变化。当政府实施一项粮食支持政策带来的社会总福利的增加值远高于政府支付的财政成本时,政策实施的整个过程就是帕累托优化的过程。相反,当实施某项政策导致社会净福利下降时,政府就需要对这项政策进行调整。因此,政府通过价格支持、收入补贴等政策措施带来的农户收益增加部分高于其成本支出时,就可以实现帕累托优化。

第二节 粮食价格支持政策实施效果

一、粮食价格支持政策对粮食市场的影响

粮食价格支持政策是多数国家曾经并且正在采用的政策。关于粮食价格支持政策与粮食市场之间的关系,已有研究主要集中在国内粮食市场稳定和国内外粮食市场关联性两个方面。

(一) 粮食价格支持政策对国内粮食市场的影响

市场经济条件下,粮食价格具有市场信号指引作用,粮食价格波动幅度过大会对社会稳定和经济发展产生影响(Gozgor,2019),因此,多数国家多以稳定粮食价格作为主要政策工具(Cummings Jr 等,2006)。Segal 等(1943)最早研究粮食价格调控政策,他们认为政府在战争期间实施的调控政策对稳定粮食价格具有重要促进作用。Jayne 等(2008)研究发现,政府价格支持对玉米市场价格及价格波动性存在显著影响。2004 年以来,我国政府相继出台了稻谷和小麦最低收购价政策,政策实施对稳定国内粮食市场具有显著的促进作用(王士海等,2012;贾娟琪等,2016a;李雪等,2018)。钟钰等(2016)对包括粮食最低收购价政策在内的中国粮食市场调控政策分析发现,粮食市场调控政策对于稳定粮食市场和化解粮食价格波动等方面存在重要影响,其中粮食市场调控政策对于平抑稻谷和小麦价格波动具有较强的相关性。

还有学者对粮食价格支持政策对粮食市场价格的影响在不同地区、不同时期和不同品种之间的差异性进行了探讨。张建杰(2013)认为小麦最低收购价政策托市效应能够通过"基准价"功能和辐射传导作用,从政策执行省份向非

政策执行省份溢出。贾娟琪等(2016b)发现主粮价格支持政策对粮食市场存在一定程度的托市作用,并且政策覆盖范围越广,执行力度越强,政策托市效应越明显。Kim等(2002)认为价格支持政策在短期内对稳定农产品价格与市场有帮助,但这种支持作用和效应随着时间的推移会逐渐减弱甚至消失。王力等(2019)在分离了供给、需求以及宏观经济因素对粮食价格波动的影响后,发现粮食最低收购价政策的实施显著降低了政策实施省份小麦价格波动率2.4个百分点,但对稻谷价格波动的稳定作用并不显著。钟甫宁(2011)认为,虽然粮食储备能够吸收生产与市场的短期波动,保持粮食供给与价格稳定,但这种方式也可能延缓了市场价格信号的释放,把本来并不严重的供给不足问题最终积累成市场价格的剧烈波动。

(二) 粮食价格支持政策对国内外粮食市场关联性的影响

国内外粮食市场关联性受到生产成本、经济发展等内部因素和出口限制等外部因素的共同影响(Imai等,2008;An等,2016;Arnade等,2017)。Ceballos等(2017)分析发现,对国际市场价格收益率增加1%的冲击时,四分之一的玉米市场、一半以上的大米市场和全部的小麦市场国内外价格波动率之间具有显著的传递效应。随着国内农产品市场开放程度的提高,粮食价格支持政策实施背景下,国内外粮食市场关联性呈现出一些新的特征。贾娟琪等(2016c)研究发现,粮食价格支持政策一定程度上削弱了国际粮价对国内粮价的均值溢出效应,能够有效缓解国际粮食市场对国内粮食市场的冲击,但也使得国内粮食价格波动性一定程度上独立于国际市场。肖小勇等(2014)通过分析国际粮价对国内粮价的溢出效应发现,由于最低收购价政策、储备政策等粮食支持政策一定程度上干扰了中国粮食市场化进程,玉米、小麦和大米国际价格对国内价格不存在波动溢出效应。李光泗等(2015)分析发现,国内外粮食价格并未表现出显著的协整关系,中国政府实施的"托低平高"的粮食市场调控政策能够减缓粮食市场价格波动,使得国内粮食价格出现逆向波动,随着粮食市场开放程度的提高,国内外粮食价格的协整程度逐渐增强。

二、粮食价格支持政策对粮食生产的影响

粮食有效供给问题不是一时增产下的"过剩论",也不是一时减产下的

"短缺论",而是保障粮食产量的稳定增长。已有研究表明,粮食供给受到自然环境(Mancosu 等,2015)、人类干预(Xu 等,2019)、政府政策(朱满德,2011)等多种因素的影响。基于本书的研究主题,本部分的分析主要集中于粮食价格支持政策对粮食生产的影响。

多数学者认为粮食价格支持政策有利于提高农户种粮积极性和提高粮食总产量(Rosegrant 等,1998;Rezitis 等,2010;周洲等,2018;高婧等,2022)。农户是发展中国家最重要的经济组织,国家在制定农业支持政策时必然要考虑政策因素对农户生产行为的影响(李雪等,2019)。粮食价格支持政策是政府通过市场干预将粮食价格维持在一定的价格区间,以向农户提供生产支持(Tweeten 等,2008)。张爽(2013)也提到,政府通过制定政策价格引导农户价格预期以影响农户供给行为,当农户主要来源于粮食生产的收入预期增加时,其扩大种植面积的可能性和扩大的种植面积可能会随之增加(刘克春,2010)。万晓萌等(2018)从农产品价格形成机制出发,发现稻谷和小麦最低收购价对种植面积存在正向影响,粮食最低收购价格通过引导农户价格预期影响粮食供给。Rahji 等(2008)考察尼日利亚水稻种植情况也得出类似的结论,价格对农户水稻生产存在显著促进作用。

此外,部分学者并不认为粮食价格支持政策能够显著促进粮食生产。钟钰等(2012)基于稻谷主产区样本数据实证分析发现,现存耕地面积、有效灌溉比重和农业劳动力数量一定程度上影响稻谷生产,但是并没有证据表明粮食价格支持政策对稻谷面积增加具有明显的激励作用。粮食最低收购价政策向市场传递了强烈的托底信号,农户对政策产生较强的依赖心理,粮食最低收购价政策降低或者取消后容易对农户生产积极性造成打击。

还有学者探讨了不同品种和不同区域粮食价格支持政策对粮食生产影响的差异性。李波(2016)分析发现,最低收购价政策对粮食种植面积的影响存在显著的异质性特征,不同区域和不同品种之间差异明显,对于小麦品种来讲,政策实施对我国中部地区小麦种植面积存在显著正向影响,但对东部地区无显著影响。李雪等(2019)发现,粮食价格支持政策通过提高农户价格预期对提高小麦种植面积存在正向影响,价格支持政策增加粮食面积的效应高于此前实施的保护价政策,并且政策执行区预期价格提高带来的面积增加效应显著大于非政策执行区。Ali 等(2012)研究印度稻谷最低收购价政策发现,整体来看,粮食最低收购价政策有利于提高当地稻谷产量和生产率;分地区来看,水稻产量过剩地区的政策效应明显好于产量不足地区的政策效应。

三、粮食价格支持政策对农民收益的影响

无论是发达国家还是发展中国家,农民收入问题一直是政府高度重视的问题。以美国为例,农业支持政策的主要目标就是使消费者和纳税人的收入向农民转移,以确保农民获得最低收入(Hueth,2000)。关于粮食价格支持政策对农民收益影响的研究,已有文献并没有得到较为一致的结论。

部分研究认为粮食最低收购价政策对增加农户收入具有促进作用,国家利用价格杠杆能够增加农户收益(龚锡强,2009)。Effland等(2015)研究发现,美国粮食最低收购价格在增加农户收入,尤其是增加小规模农户收入方面起到了重要的促进作用。袁辉斌等(2011)指出,粮食最低收购价格与农户收入之间存在密切相关性,两者的相关系数达0.8,影响系数为4.1,提高粮食最低收购价格可以有效增加农户收入。贺伟(2010)也发现,随着国家托市价格的不断提高,主产区农民收入的平均值增长速度明显快于全国水平,2004年主产区农民收入比全国农民收入平均水平高3.3%,到2008年,这个数值扩大到4.2%。相关资料显示,2008年和2009年,国家实施托市收购政策使收购地区农民收入分别增加150亿元和190亿元(朱满德,2011);2011年,按照全国各类粮食经营企业收购粮食数量为6 946亿斤计算,政府提高收购价格直接实现农民增收约300亿元,托市政策有效促进了农民增收(樊琦等,2015)。还有研究发现,粮食最低收购价政策通过影响农户粮食储备与销售进而影响农户收入,并且政策效应因不同规模营粮户储备粮行为趋异而存在差异,农户种粮规模越大,政策增收效应越大(张改清,2014)。

还有学者认为粮食最低收购价政策的实施对农民收入增加效应有限。政府出台粮食最低收购价政策的初衷在于提高粮食产能和保障农民种粮积极性。粮食最低收购价政策实施以来,我国稻谷和小麦收购价格和生产成本均呈上升趋势,粮食生产成本提高一定程度上削减了农民种粮收益(钱加荣等,2017)。主粮价格支持政策虽然对政策实施省份的农户种粮收入增加有一定的促进效应,但相较于农户其他收入增加对总收入增加的带动效应,种粮收入增加的促进作用相对较小,并且通过主粮价格支持政策促进农户收入增加已

经效果甚微(贾娟琪等,2018)。邓大才(2009)研究发现,长期来看,粮食价格上涨带来的农户增收效应还不到价格上涨带来的好处的百分之二十,其他粮食生产的相关产业、行业和部门获取了价格上涨带来的大部分好处,农民只享受到了小部分的价格提高带来的收益(胡华,2009)。刘振滨等(2016)也认为,现阶段这种与市场偏离的粮食定价机制导致大量的国家财政补贴流到粮食收购企业和储备环节,农民获得的直接收益较小,政府财政负担较重。

四、粮食价格支持政策对社会福利的影响

农业产业链中各环节的价格波动和传递都会引致整个产品供应链成员效用和福利的再分配(王秀清等,2007)。受自然环境、市场环境和生产周期等多种因素的影响,粮食市场价格处于不断波动的状态。由于粮食需求价格弹性和需求收入弹性都比较小,粮食价格大幅波动会对包括农户在内的多个市场主体的福利状况产生影响(Bellemare等,2013;Alem等,2014)。

关于价格支持政策对社会福利的影响方面,部分学者针对农户福利变化情况进行了分析。李邦熹等(2016)研究发现,我国小麦最低收购价政策的实施有效促进了农户福利的增加,该项政策对农户福利变化的影响以生产者福利为主,并且农户福利变化的长期效应与短期效应基本保持一致。Duangbootsee等(2015)分析发现,当差额补贴政策的目标价格与价格支持下的目标价格相同时,差额补贴政策增加农户生产者剩余的同时减少了政府净损失。部分学者考虑了消费者福利的变化情况,认为粮食价格波动不仅对生产者福利产生影响,还会影响消费者的福利状况。Deaton(1989)利用泰国11 893个家庭调查数据实证分析了大米价格变动与居民福利的关系,发现较高的大米价格对大多数农村家庭是有利的,尤其是中等收入家庭。Barkley(1992)对巴基斯坦小麦价格支持政策研究发现,粮食价格支持政策有利于增加消费者福利,却造成整个社会福利的损失。

可以看到,粮食价格支持政策对生产者福利和消费者福利的影响是不同的,对此,部分学者对社会总福利变化情况进行了总结。林云华(2004)研究农产品市场价格调控政策的福利效应发现,农产品价格支持政策的本质是对不同市场主体之间进行利益再分配的过程,这种政策行为一定程度上促进了社会公平,但也面临总体福利和效率方面不必要的损失问题。柯炳生(2018)

对比分析保护价收购政策、目标价格补贴政策和脱钩补贴政策的基本原理和福利效应发现,三种粮食支持政策均增加了生产者剩余,其中保护价政策使消费者利益受损。

此外,还有学者从不同视角出发进行探讨。一是从不同居民视角。苗珊珊(2014)运用 Minot 福利效应模型测算并比较分析了粮食价格波动对农村居民与城镇居民福利变化的影响,发现粮食价格波动对城镇居民福利变动具有负向作用关系,农村居民因粮食价格上涨增加了福利。还有学者指出,粮食价格波动对于农户福利水平的影响会因农户是粮食出售者还是消费者而存在差异。徐永金等(2012)分析发现,主产区生产福利变动随粮食生产价格变动同向变化,消费福利同粮食消费价格变动反向变化,粮食价格变动带来的主产区福利变化的整体效果不明显,但长期福利效应要相对优于短期福利效应。二是从不同粮食生产地区视角。罗超平等(2017)运用补偿变量思想分析主产区农户福利效应,发现粮食价格稳定有利于农户福利的增加,但增加的幅度有明显的省际差异。三是从不同粮食品种视角。Bakhshoodeh 等(2006)讨论伊朗小麦和稻谷对于市场自由度和财政政策的变动效应,发现小麦生产者福利得到改善,消费者福利遭受损失,而稻谷生产者福利变动效应与小麦截然不同。

第三节　粮食最低收购价政策实施困境与调整方案

一、粮食最低收购价政策实施困境

粮食最低收购价政策设计的出发点是在充分发挥市场机制的基础上实施宏观调控。相较于其他粮食支持政策,粮食价格支持政策具有作用直接、见效迅速、低执行成本等特征(李登旺等,2015),然而,随着国内外粮食市场环境逐渐发生变化,粮食最低收购价政策效应持续溢出过程中一些负的外部性问题日益显现。对此,部分学者对粮食最低收购价政策实施面临的困境进行了探讨。

(一)市场功能层面

价格支持政策是发达国家 20 世纪 90 年代以前常用的农业支持政策,但是该政策对市场的干预和扭曲作用也十分明显(曹慧等,2017)。以墨西哥为例,农业部门早期实施的价格支持和补贴政策扭曲程度相对较高,市场未能很好地发挥作用(Harris等,2001)。2004年至2019年,我国连续七次提高稻谷和小麦最低收购价格,两个品种最低收购价格平均累计增长100%和68%,政府"托市"价格远高于市场价格,粮食最低收购价格实际上成为市场价格的风向标,粮食真实市场价格被扭曲,市场调节功能紊乱(贺伟,2010)。与此同时,扭曲的粮食价格向市场发出了错误的信号,市场主体逐渐形成粮价"只涨不跌"的价格预期,不利于生产者、经营者和消费者等市场主体做出科学的决策(李经谋等,2008;程国强等,2013)。其他学者也得到了类似的结论。国家发展和改革委员会产业经济与技术经济研究所课题组(2016)研究发现,粮价齐增的"托市"政策支持下,"市场价"被"政策价"取代,政府托市收购严重挤占了市场自由交易,市场机制作用无法得到正常发挥。施勇杰(2007)分析发现,托市政策一定程度上扭曲了我国粮食价格形成机制和真实价格的资源配置作用,随着政策的持续实施,粮食最低收购价政策对于市场的支撑作用开始出现减弱的趋势(李光泗等,2017)。朱满德(2011)也提出,政府对粮食收购数量不设限,过多的政策性粮食①收储降低了市场流通性,市场自主调节供求关系的作用受限。

(二)市场主体层面

根据粮食最低收购价政策内容,粮食最低收购价政策的执行主体是中国储备粮管理总公司及其委托公司。政策执行过程中,这些公司可以享受多项优惠,如国家优惠贷款和保管费用补贴,其他市场收购主体要自行承担收购资金、存储费用和市场风险(田建民等,2010)。对此,部分学者认为,政策实施过程中,一方面,由于粮食市场价格低于最低收购价格,当年生产的大部分粮食流入中储粮总公司及其委托公司的粮库,实质性的市场垄断得以形成,不公平的市场竞争不利于多元市场主体的培育和发展(施勇杰,2007);另一方面,政策性粮食收购成为国有粮食企业利润来源的重要组成部分,这种"旱涝保收"的状态减弱了基层国有粮食企业改革的动力(肖春阳,2009a)。对于其他粮食加工企业来讲,尽管部分粮食加工企业能够通过参与政策性粮食竞价交易获取粮源,但在市场供给不足时,用粮企业一哄而上的行为无形中会推高顺价销

---

① 政策性粮食是指通过最低收购价政策和临时收储政策收购的粮食。

售的粮食价格,其原粮采购成本随之增加(施勇杰,2007)。此外,成品粮价格上涨空间有限,原粮和成品粮价格倒挂还会扭曲粮食加工上下游产业链的价格关系,不利于加工企业健康发展(贺伟,2011)。

(三) 财政支出层面

粮食支持政策的实施离不开政府财政的支持。粮食最低收购价政策实施过程中,政府需要支付大量的财政成本。除了政府监管成本以及隐性成本等政策成本外,本部分聚焦粮食收购成本、仓储补贴成本和仓容建设成本三个方面。

(1) 粮食收购成本。合理有效的最低收购价格有利于稳定粮食生产,粮食最低收购价格提高虽然有利于提高农户种粮积极性,增加粮食产量,但也会导致粮食市场供给过剩,不仅加大了市场粮价下行压力(方鸿,2009),还会大幅增加政府托市收购支出成本(国家发展和改革委员会产业经济与技术经济研究所课题组,2016)。截至 2014 年,中央财政用于粮食最低收购价政策的支出成本累计合计为 6 414.3 亿元(黄汉权等,2016)。

(2) 仓储补贴成本。政府通过提高粮食最低收购价格稳定了粮食市场,其敞开收购行为也导致国内粮食库存居高不下,政府财政压力过大(程国强等,2013)。Jha 等(1999)研究印度粮食价格调控政策时也提出,增加粮食库存的方法是不经济的。根据中国国家统计局数据资料,粮食最低收购价政策实施以来,中央财政不仅面临数百亿元保管费用和利息补贴,还承担了粮食库存大量积压甚至霉变的损失,以及销售价差亏损等其他费用风险(任军军等,2010)。

(3) 仓容建设成本。粮食最低收购价政策并未对粮食收购数量设限,随着政策启动的常态化和粮食最低收购价格的持续提高,民营企业入市收购较为谨慎,国有收储企业成为粮食市场收购的主力军,大部分粮食流向国储库导致各地粮库爆满,仓容紧张,政府财政负担沉重(樊琦等,2015)。邹凤羽(2017)分析我国粮食流通体制面临的困局时也提到,70%左右的市场粮源不断涌向国家收储库,东北临储玉米甚至占到了市场份额的 95%以上,政府粮食库存压力巨大的情形下,现有的政策性收储还在持续。国家发展和改革委员会产业经济与技术经济研究所课题组(2016)指出,2014 年和 2015 年,中央政府投资新建了 1 000 亿斤的粮食仓储设施,但国内粮食仍面临"存不下"和"收不了"的尴尬境地。

(四) 粮食进口层面

2013年以来,小麦等主要粮食品种国内价格逐步突破国际价格"天花板"并呈价差持续扩大的趋势。在此背景下,部分学者对粮食最低收购价政策实施对粮食进口的影响进行了分析,并且普遍同意不断上涨的粮食价格使我国面临巨大的进口压力(刘超等,2015)。

现阶段,我国玉米和稻谷等粮食品种呈现出阶段性供过于求的特征,一方面是配额内的粮食品种进口量增加,另一方面是没有配额限制的粮食替代品进口也大幅增长,国内粮食逐渐失去市场竞争力(辛翔飞等,2018)。谭砚文等(2014)分析发现,2012年,每吨大米、小麦和玉米国内价格比国际价格高出853.5元、275.9元和506.9元,进口量同比增长2.96倍、1.93倍和1.96倍,各品种粮食进口数量均大幅增长。2015年1月至8月,相较于配额内粮食到岸税后的价格,每吨小麦、大米和玉米国内批发市场价格分别高665元、1 219元和765元,不断上涨的粮价使我国面临巨大的进口压力(国家发展和改革委员会产业经济与技术经济研究所课题组,2016)。

目前,三种主粮进口数量虽然尚未达到配额水平,若国内粮价持续上涨,粮食价格将很快突破配额外附加65%关税后的"天花板"价格,进口数量也会很快达到甚至突破承诺的配额数量,关税配额政策将失去对粮食进出口的调控作用,我国粮食安全将面临严重威胁(贾娟琪等,2016a)。樊琦等(2015)直接指出,国内外粮食价格倒挂增加了粮食进口和走私的数量,不仅加大了国内粮食市场价格下行压力,还扰乱了国内粮食市场的正常流通秩序,最终影响托市政策保护粮农收益的效果。

二、粮食最低收购价政策调整方案

农业发展一方面依赖于政府政策支持,另一方面还要满足于市场化取向和国际规则的约束。各国农业支持政策发展过程中,政策体系构成发生了重大变化,呈现出价格支持占比逐渐降低、市场力量不断强化的趋势(Mollett,1988;Hansen,2011)。Hammond(1991)研究挪威农业政策发展趋势,发现政府干预从价格支持和价格稳定逐渐向收入支持和区域经济发展演变。Brennan(2003)指出,储备成本加上利息和价格弹性因素的影响下,储备是不经济的,最有效的方式是国家给予农民间接补贴,这样远胜于政府直接干预。Hays(2010)直接提出农产品价格支持是没有必要的。

2004年,"多予、少取、放活"和"工业反哺农业,城市支持农村"政策方针导向下,我国出台了直接补贴和价格支持等多项惠农政策。2004年至2016年,我国三农投入资金从2 337.6亿元增加到18 587.36亿元,对国内农业农村发展起到了巨大的推动作用(耿仲钟等,2018)。作为WTO成员方,我国在享受入市红利的同时必然也要受到国际规则的约束。价格支持政策属于严重扭曲市场的"黄箱"政策,受到《农业协定》中对农业补贴水平不能超过微量支持政策8.5%补贴上限的约束(李登旺等,2015)。随着粮食最低收购价政策实施的负外部性和我国在WTO"黄箱"政策部分运作的空间已经越来越小(樊琦等,2015),关于粮食最低收购价政策改革方向和优化路径的探究成为政府和学术界关注的热点。

第一种方案是取消现有的粮食最低收购价制度安排。对于第一种方案,部分学者赞成出台目标价格补贴制度。2014年中央1号文件提出要实施目标价格补贴政策,并在当年启动东北和内蒙古大豆以及新疆棉花目标价格补贴试点,实施目标价格制度,按差价进行直接补贴。目标价格补贴实现了农产品价格形成与政府补贴之间的脱钩,市场发挥资源配置的决定性作用,符合中国粮食价格支持制度调整的基本方向(程国强,2014),政府应实施粮食目标价格制度,充分发挥市场机制在粮食价格形成中的决定性作用(李利英等,2015)。刘振滨等(2016)指出,粮食价格形成向市场机制决定的转变过程中,实施"价补分离"要以目标价格为基准线,同时发挥市场的资源配置作用。当市场价格低于目标价格时,政府以现金形式根据两者的差价对农户收益进行补偿,目标价格补贴政策能够节省粮食储备和调控成本,有效弥补价格波动对生产者与消费者福利的影响,但也面临目标价格制定水平和价格补贴效率等难题(李光泗等,2014)。在我国目标价格补贴制度试点过程中,随着政策执行成本高昂、财政风险巨大等弊端的逐渐显现,部分学者提出政府应当慎重出台目标价格政策(黄季焜等,2015)。除目标价格补贴政策外,还有学者提出国家应直接取消粮食最低收购价政策,并推动粮食价格改革一步到位。马晓河(2016)建议政府应取消最低收购价政策和临时收储政策安排,改为实行粮食安全目标储备支出条件下的高价收购制度,并出台相关配套政策。

第二种方案是对现有的粮食最低收购价政策实行渐进式改革。侯晓(2018)引入 PEATSim 模型,以小麦最低收购价调整为例,设计模拟了三种不同政策调整方案下的政策效应,论证了现阶段不宜取消粮食最低收购价政策。王小叶(2017)借鉴美国经验,建议现阶段仍需继续实施粮食最低收购价政策,但政策目标要从增产增收转向止损或保本,"成本加基本收益"的定价原则要改为"成本"或"成本的一定比例",从而给粮食价格一个回归市场的空间。曹慧等(2017)提出应逐步小幅下调最低收购价格水平,同时尽快探索保护种粮农民收益的长效机制。彭长生等(2019)也建议逐步下调粮食最低收购价格并与国际接轨,直至最后取消最低收购价政策,从而彻底消除托市政策扭曲,充分理顺价格形成机制,为后续改革奠定基础。

考虑到我国"人多地少水缺"的基本国情与农情,为避免市场出现大幅波动,政府可以保持稻谷和小麦最低收购价政策的基本框架,同时逐步降低粮食最低收购价格至市场均衡价格水平之下(柯炳生,2018)。于晓华等(2017)通过回顾欧盟共同农业政策演进过程,认为中国现阶段重现了 20 世纪 80 年代共同农业政策面临的困境,并建议中国政府应充分利用 WTO 规则,导入市场竞争,降低价格支持的支出,增加对生产者的直接补贴,推动国内市场与国际市场逐步接轨。耿仲钟等(2018)基于"黄转绿"的目标考虑,通过测算比较我国农业政策改革前后黄箱支持水平的变化情况,认为稻谷和小麦最低收购价政策暂时不宜取消,并从粮食最低收购价格水平、收购数量和政策启动时间等方面提出了建议。周静等(2019a)实证结果表明,稻谷最低收购价格下调暂时不会减少稻作大户的水稻种植面积,并建议应探索形成农业支持保护补贴、最低收购价格补贴和农业保险补贴等多种政策组合调控体系,以确保粮食安全。李京栋等(2022)以稻谷为例,通过构建局部均衡模型,模拟下调最低收购价、取消最低收购价、取消最低收购价并加大幅度增加农业补贴等方案对我国粮食安全的影响,认为在推进我国粮食市场化改革时,应先小幅度下调粮食最低收购价格,而不是一次性取消最低收购价政策,同时辅以相应的补贴政策,保障农户种粮积极性。廖进球等(2018)也提出应大幅降低小麦和稻谷最低收购价格,将暗含在粮食最低收购价格中的补贴收益功能分离出来,保留价格"托底"功能,并辅以生产者补贴。

第四节　简要述评

我国粮食最低收购价政策已实施 20 年之久,已有文献对粮食支持政策以及粮食最低收购价政策实施效果、实施困境和政策调整等方面已经进行了丰富的探讨和深入的分析,研究方法较为成熟和完善,研究结论明确可信,为本书提供了良好的借鉴,但可能还存在一定的拓展空间,这也为本研究的开展提供了可能性。

一是政策实施效果方面。一方面,已有文献对粮食最低收购价政策效果的评价多集中于政策效果的某个层面或者某几个层面,缺乏对政策效果的全面评价;另一方面,已有研究多从静态角度出发分析政策实施效果,少有文献对政策效果进行动态的阶段性评价。实际上,不同时间段的政策实施效果是有差异性的。对此,本书尝试利用粮食价格数据和省级面板数据,从粮食市场、粮食产量和农户收益三个层面出发,采用动态与静态相结合的方式,尝试对粮食最低收购价政策实施效果进行全面且客观的评价。

二是政策改革路径方面。已有文献对粮食最低收购价政策改革路径的探讨多集中于三个方面:一是在分析粮食最低收购价政策实施现状的基础上提出政策改革路径,二是通过对比国内外粮食支持政策提出政策改革建议,三是通过调整粮食最低收购价格来模拟政策效应。实际上,粮食最低收购价政策改革的动力在于政策负外部性不断显现过程中政策净效益逐渐减弱甚至出现大幅负效应。对此,本书在评价粮食最低收购价政策实施效果和分析我国粮食价格支持政策改革实践的基础上,通过对比分析粮食最低收购价政策和生产者补贴政策的社会福利效应,探讨两项粮食支持政策的制度成本差异,从而提出未来我国粮食最低收购价政策可能的改革思路。

第三章　我国粮食最低收购价政策分析的逻辑框架

在评价我国粮食最低收购价政策实施效果和探讨政策改革思路之前,有必要对我国粮食最低收购价政策基本情况进行概括和总结。基于此,本章首先回顾和梳理我国粮食支持政策演进历程,以此了解我国粮食最低收购价政策演进历史,然后结合粮食最低收购价政策基本目标、具体内容和作用路径等方面,详尽总结我国粮食最低收购价政策基本情况,并以此为基础提出本书关于粮食最低收购价政策的分析框架。

第一节　我国粮食支持政策演进历程

粮食最低收购价政策的出台实际上是我国粮食流通市场化改革的阶段性产物。本节重点回顾和总结了新中国成立以来我国粮食流通体制的形成、调整与变革过程,对于深入理解粮食最低收购价政策演进历史和主要内容提供了重要的现实基础。粮食支持政策演进历程大致可以划分为五个阶段,分别是:粮食自由购销阶段(1949—1952 年)、粮食统购统销阶段(1953—1984 年)、粮食购销"双轨制"阶段(1985—1992 年)、粮食保护价收购阶段(1993—2003 年)和粮食购销市场化阶段(2004 年至今)。

一、粮食自由购销阶段

在粮食自由购销阶段(1949—1952 年),我国粮食市场供需矛盾相对尖锐,粮食市场价格波动剧烈,国家对农民继续实行粮食征购制,农民缴纳公粮后可以自行销售剩余的粮食。市场上虽然存在多种性质的粮食经营企业,但私营性质的粮食企业占据绝对的市场份额,政府主要通过加强公粮征收的方式强化国营粮食企业在市场中的地位。

第三章 我国粮食最低收购价政策分析的逻辑框架

在中国历史上,国家粮食征购制可以追溯到夏朝(谢维扬,1995)。原始社会末期至奴隶社会初期出现了"国家"和"阶级对立",统治阶级向被统治阶级征购粮食,从而产生了国家征购粮食,这也是粮食从生产环节进入到国家消费环节最重要的方式。已有研究并未对国家粮食征购概念进行统一的界定,本研究提到的粮食征购主要采用孙瑜等(2013)的概念,"征"是指国家对农民种植粮食的无偿征收,主要采用农业税及其附加税的形式征收,此外还有粮食征借、征收粮食实物的苛捐杂税及高额的官田地租[①]等形式;"购"就是国家对农民剩余的粮食进行购买,大多依靠行政命令,粮食价格和购买数量均由国家决定,并且粮食价格一般定得很低,农民没有自主权。

新中国成立初期,政府面临的形势是国外对中国经济封锁,新中国无法从周边国家进口粮食,只能通过从国内市场上收购粮食来保障军需民用,但粮食供需依然存在较大缺口。从粮食需求层面来看,随着国民经济的恢复,国内城镇人口和职工数量大幅增加,从1949年的5 765万人增至1952年的7 163万人,增加了1 398万人。新增加的城镇人口中,除了自然增长的人口外,其余部分均来自农村,他们原来消费的粮食均是自己生产,但这些农村居民进入城镇后不仅增加了商品粮的需求量还一定程度上减少了市场供应量。此外,经济作物种植面积的扩大进一步增加了商品粮需求量,再加上其他缺粮农民,市场上需要供应商品粮的农民总量将近1亿人。从粮食供给层面来看,在国民政府遗留的历史问题、自然灾害导致的粮食减产以及农户储粮备荒导致的市场供给需求降低等因素的影响下,国家能够提供的商品粮数量呈下降趋势。1950年至1952年,尽管国家收购的粮食比例呈逐年上升趋势,从23%增至73%,但1952年7月至1953年6月,国家收购的粮食数量不断下降,1953年新粮上市后这种情况仍然持续。主要原因在于,自由购销时期,农户交纳公粮后的余粮可以卖给国营粮食公司和合作社,也可以卖给私营粮商或在市场上销售。在国家财政出现困难和粮食等物资供应紧张的背景下,粮食收购渠道中经常出现私营粮商与国家争抢粮源的现象,甚至出现部分不法私营粮商趁机囤聚、哄抬物价的现象,其投机活动不仅干扰

---

① 关于官田地租的属性是国家作为土地所有者向土地使用者征收的地租,也可以理解为国家向农民变相收缴土地收获物,一般官田地租对农民的负担比农业税更重一些。但官田地租与普通地主地租要严格区分开来。

了国家收购计划,也严重扰乱了市场秩序,造成国内粮食市场价格剧烈波动。

为缓解粮食供需矛盾,稳定粮食市场,政府部门在此期间出台了多项措施,具体来看:① 稳定粮食市场。1949年11月初,中央人民政府政务院财经委员会紧急召开第一次与第二次常务会议,主要讨论收缩通货、抛售物资和加强市场管理等内容。针对私营粮商哄抬物价等行为,1949年11月13日,陈云下达"十二条指令"。政府秘密集结全国粮棉,待市场价格涨势趋稳后敞开抛售粮棉,市场价格迅速下降,投机商为了及时止损而疯狂跟进的行为进一步降低了市场价格,与此同时,政府收紧银根和冻结贷款,导致以较低价格疯狂出售粮食且没有贷款支撑的投机商纷纷破产,政府稳定物价和打击投机商的目标得以实现。② 增加粮食市场供给。1950年2月,农业部发布《关于一九五〇年农业生产方针及粮棉增产计划的指示》,提出恢复和发展粮食生产,从根本上解决粮食供求紧张的问题。同年6月,《中华人民共和国土地改革法》颁布,明确指出要废除封建剥削的土地所有制,实行农民的土地所有制,从而提高农村生产力。土地改革等政策支持下,我国粮食产量大幅增长。③ 管理粮食市场。1950年1月,中国粮食公司成立会议确定粮食公司的职权是掌管全国粮食经营。同年3月,《关于统一国家公粮收支、保管、调度的决定》规定中央设立粮食管理总局,大行政区、省、专区设粮食管理局、粮食局、粮食分局以及中央公粮区库,县设中央公粮分库,各级粮食局及中央公粮库主要职责是管理国家公粮。同年8月,《关于建立全国粮食管理系统,将粮食处改为粮食管理总局令》决定成立财政部粮食管理总局,领导全国粮食管理机构。1952年9月,粮食公司和粮食管理总局合并为中央人民政府粮食部,管理全国粮食流通采买等事务。

粮食自由购销阶段,国内粮食市场实行自由购销制,政府掌握的粮食以公粮征收为主,以市场收购为辅,但粮食征购增长速度仍然赶不上粮食需求增长速度,国内粮食市场供求不平衡、不稳定特征明显。据统计,1949年4月至1950年2月,我国先后出现4次较大范围的物价波动,每次带头的都是粮食和纱布。为缓解粮食市场供需矛盾,政府部门不断增强对粮食供给的管理与指导,采用所谓的利用、限制和改造政策,强化国营粮食企业市场地位的同时,削弱私营粮商市场地位,即政府一方面允许和引导私营粮商的合法经营,以实现活跃粮食市场交易和便利居民的目标,另一方面限制和改造私营粮商操纵市场价格的投机行为。但是,这种政策思路也导致我国粮食市场陷入一种不良的无限循环中,即"一限就死,一死就放,一放就活,一活就乱"。在此背景下,政府部门只得另辟蹊径,粮食市场从自由购销阶段向统购统销阶段迈进。

二、粮食统购统销阶段

在粮食统购统销阶段(1953—1984年),我国粮食流通体系呈现出极高的稳定性和极强的缓冲性,粮食价格呈现出完全的计划性与指令性,国营粮食系统集粮食收购、储存、运输、加工和销售等业务于一身,粮食供求总量、结构与区际存在强制性平衡的特征(曹宝明,2001)。

1953年10月16日,中共中央作出《关于实行粮食的计划收购与计划供应的决议》,基本内容包括:对农村余粮户实行计划收购政策,简称"统购政策";对农村缺粮户和城市居民实行计划供应政策,简称"统销政策";国家对粮食市场严格控制,严格管制私营粮食工商业,严禁私商自由经营粮食;中央统一规定统购价格和粮种。11月19日,中央人民政府政务院通过《关于实行粮食计划收购和计划供应的命令》,并于11月23日发布施行。根据统购统销政策内容,最核心且最复杂的是向农村余粮户实行粮食计划收购("统购"),但中共中央《关于实行粮食的计划收购与计划供应的决议》和政务院《关于实行粮食计划收购和计划供应的命令》均未对农村余粮户作出具体规定。一般来讲,农村余粮户是指粮食收获后在留足家庭口粮、种子、饲料粮和交纳完公粮之外还有多余粮食的农户。上述文件也没有对口粮、种子、饲料粮的留粮标准以及余粮的统购比例进行规定,而是由各省、市、自治区根据本地情况决定。从后来实际操作的情况看,一般是规定统购余粮户余粮的80%至90%(唐正芒,2011)。

统购统销政策的实施使我国粮食流通体制从自由购销阶段进入统购统销阶段,国家统一收购和统一供应粮食,实现了对粮源的绝对控制。具体来看:1953年的粮食收购任务在次年二三月份先后结束,全国超额完成粮食收购任务。1954年,长江、淮河流域及河北地区遭遇罕见水灾,造成粮食大面积歉收,全国粮食产量3 390亿斤,虽比上年增产53亿斤,但只完成全年粮食收购计划的94.2%。然而,在区域受灾的情形下,粮食收购任务并没有相应减少,反而在国家下达指标后各地层层加码,国家计划征购868亿斤,但实际征购891亿斤,多征购23亿斤,其中在非灾区多征购70亿斤。

统购统销政策的实施为国家经济建设做出了重要贡献,城市居民用粮问题和工业发展问题得到有效解决,但粮食收购量过多导致农民种粮却吃不上粮甚至出现饿死的现象,政府与农民之间的矛盾相对尖锐。主要体现在:部分地区估产不实(甚至超过实际产量一倍),派购任务大,工作组和干部强迫没有余粮的农民卖"余粮";有些地区为了分清余粮户与缺粮户,会组织人员到农户家里翻箱倒柜、盘查粮食。强迫命令使不少地方征购"过头粮[①]"现象十分严重,如浙江省1954年粮食产量141亿斤,粮食征购51亿斤,全省农村人均留粮477斤,但实际上,每人每年口粮加种子需要540斤,部分地区过度收购粮食的行为导致农民口粮被严重挤占。

为缓解粮食强制征购带来的矛盾,稳定粮食市场,粮食统购统销体制此后历经数次调整与变革。针对统购统销中出现的干部强迫征购问题,尤其是征购"过头粮"导致的农民强烈抵触等现象,1955年3月,《关于迅速布置粮食购销工作,安定农民生产情绪的紧急指示》明确规定实行"三定"政策。每年在春耕前,以乡为单位将全乡计划产量大体上确定下来,即"定产";向农民宣布国家对本乡购粮数字,使农民对自己的交售任务心中有数,即"定购";向缺粮户宣布国家供应粮食数字,即"定销"。同年8月,国务院发布《农村粮食统购统销暂行办法》,明确指出要核定各户农民粮食产量和规定用粮标准,对农村余粮户核定粮食交售任务后实施统购政策,对农村缺粮户核定粮食供应量后实施统销政策,对农村自足户不进行统购统销,余粮户完成统购任务后可以自由处理余粮,这就是所谓的"三定到户"政策,该政策受到了农民的普遍拥护(唐正芒等,2014)。据统计,1955年,粮食"三定"政策的实施使得农民人均粮食占有数量比上一年度增加40斤。

为增加农产品收购量,保证市场供应量,1960年,国家对主要农产品实行"固定基数,超购加价"政策,简称"超购加价"政策。根据政策内容,政府以生产队为单位对人均全年交售商品粮超过规定标准(各地分别为100斤、200斤、300斤)的部分加价10%。1961年,粮食统购价格提高,超购加价相应取消。

---

① "过头粮"是指国家粮食征购工作中,国家超过农业生产单位实际负担能力征购的那部分粮食。

1965年,粮食征购任务由"一年一定"改为"一定三年",确定任务基数三年不变,国家对基数内的粮食按牌价收购,对于超过基数的部分,一半奖售物资,另一半加价30%到50%(张留征,1982)。1966年,粮食统购价格提高后超购加价再次取消。1971年,粮食征购基数改为"一定五年",超购部分加价30%。1979年,在提高粮油统购价的同时,粮油超购加价幅度由30%增至50%(黎晓明,1984)。在国家商品粮供不应求的背景下,尽管超购加价政策显著刺激了主产区和高产区农民种粮积极性,提高了粮食商品率,增加了国家粮源,但在70年代后期,我国粮食购销状况不断好转,市场商品粮逐年增多,超购加价政策已经无法适应农村新的情况。尤其在十一届三中全会后,中央政府启动农业生产经营体制改革,家庭联产承包制替代集体经营制,粮食产量大幅增长。1978年至1983年,粮食产量从3.05亿吨增加到3.87亿吨,增加26.89%,粮食产量达历史最高水平。

上述背景下,粮食购销制度面临国内价格体制混乱、农民种粮收益不均、农民卖粮困难、粮食购销价差加大和政府财政负担加重等多重难题,取消该项粮食支持政策的呼声日益增多。为兼顾城乡利益和减轻国家财政负担,政府采取了折中的方式,通过逐步提高国家计划收购(统购和派购)的粮食价格、适当减少统购统销农产品数量和范围的方法,逐渐放开农产品价格。1983年中央1号文件提出,"对重要农副产品实行统、派购是完全必要的,但品种不宜过多"。为贯彻执行1号文件内容,国务院办公厅转发商业部《关于完成粮油统购任务后实行多渠道经营若干问题的试行规定》,农民完成统派购任务后的产品(包括粮食,不包括棉花)和非统派购产品可以多渠道经营;粮食议购议销价格随行就市,有升有降,依质论价,国家粮食部门独家经营粮食的局面被打破,粮食流通体制得到进一步改革。1984年中央1号文件提出"继续减少统派购的品种和数量",鼓励有条件的大中城市建立农副产品批发市场和农副产品贸易中心,搞活农产品流通。1980年至1984年,统派购品种从183种减少到145种,农产品流通市场局部出现市场化改革的苗头。实行了32年的统购统销制度开始瓦解,但总体上仍然坚持计划经济为主、市场经济为辅的原则,政府统购统销与计划定价框架尚未取消。

三、粮食购销"双轨制"阶段

在粮食购销"双轨制"阶段(1985—1992年),我国粮食市场中合同定购与议价收购两种形式并存,计划性与市场性特征明显,市场价格能够有限地反映与调节粮食供求关系,以粮食合同价与市场价价格差的形式反映出来的粮食产品税对粮食生产存在逆向调节作用,粮食购销价格倒挂使得政府面临巨大的财政压力。

家庭联产承包责任制的实施极大地释放了粮食生产力,1984年粮食产量突破4亿吨,在此背景下,推进粮食等主要农产品流通领域改革成为当时改革的重点,而如何改革计划经济体制下以农产品统购为主的粮食收购制度存在较大争论(包括激进式的市场化改革和渐进式的双轨制改革等)。1985年1月,中共中央、国务院发布《关于进一步活跃农村经济的十项政策》,取消农副产品统购派购制度,实行合同定购和市场收购并行的"双轨制",粮食收购双轨制政策的出台标志着中国确定实施渐进式的市场改革。主要内容是:对于定购的粮食,国家按"倒三七"①比例计价,定购以外的粮食自由上市。为保护农民利益,当市场粮价低于原统购价时,国家按照原统购价敞开收购粮食。但政策出台当年,夏粮歉收导致粮食议购价格远高于定购价格,粮食供求缺口较大,合同定购制度被迫放弃。政府年底时宣布合同定购既是经济合同又是国家任务,按合同价收购后的粮食允许市场交易。

在粮食购销"双轨制"阶段,政府部门还出台了其他政策措施。一是实行粮食合同定购"三挂钩"。1986年10月,《关于完善粮食合同定购制度的通知》提出,1987年中央专项安排一些化肥、柴油与粮食合同定购挂钩;1987年6月,《关于坚决落实粮食合同定购"三挂钩"政策的紧急通知》规定,粮食合同定购与供应平价化肥、柴油、发放预购定金挂钩。二是建立国家专项粮食储备制度。1990年9月,《关于建立国家专项粮食储备制度的决定》出台,政府建立国家专项粮食储备制度,成立国家粮食储备局,管理国家粮食储备工作,各地根据实际情况建立本地区的粮食储备。

总的来讲,双轨制政策强化了市场职能的作用,粮食流通方式呈多元化

---

① "倒三七"比例计价方式,即30%的合同定购量按统购价收购,70%的收购量在统购价的基础上加价。

特征,但这并未打破传统的农产品统购统销体制,政策实施过程中也出现了一些问题。具体来看,合同定购的指令性特征使得价格信号无法准确反映市场供求关系;政府不断降低定购数量向农民传递了抑制生产的错误信号,价格差"逆向调节"作用抑制了农民种粮积极性,导致粮食生产徘徊不前;粮食购销价格倒挂导致政府财政负担沉重(熊应明,1990;张天佐等,2018)。对此,政府通过压缩平价粮食销售数量等方式对粮食购销政策进行调整。1991年1月,国务院发布《关于调整粮食购销政策有关问题的通知》,提出将粮食合同定购改为国家定购,作为农民应尽的义务,同时压缩平价粮食销售,逐步做到国家定购与平价销售数量大体平衡。1991年11月,十三届八中全会通过《中共中央关于进一步加强农业和农村工作的决定》,"除了国家规定的少数重要农产品实行国家统一收购和部分统一收购经营外,其余全部放开,实行市场调节",有计划地解决粮食收购价格偏低和粮食购销价格倒挂问题,逐步推进粮食购销体制改革。1991年5月至1992年4月,城镇居民定量内的口粮销售价格连续三次被提高,基本实现了购销同价。随着各地粮食库存的增多,政府拥有充分的粮源,基本具备了放开粮食价格的市场条件。1992年底,全国844个县(市)放开了粮食价格,市场配置资源的基础作用得到有效发挥。为进一步推进粮食商品化和经营市场化改革,同时兼顾生产者、经营者和消费者利益,1993年2月15日,国务院发布《关于加快粮食流通体制改革的通知》,从1994年开始,政府收购的粮食实施保留定购数量,收购价格随行就市的"保量放价"政策。1993年11月,《关于当前农业和农村经济发展的若干政策措施》正式宣布,"适应市场经济要求的购销体制正在形成"。

  粮食统购统销制度看似要"寿终正寝",但退出过程并非一蹴而就,之后粮食市场又存在一些反复。1993年底,部分地区粮食供应出现短暂性紧缺状况,粮食价格高涨,1994年夏粮上市后并未启用"保量放价"政策。1994年5月,国务院发布《关于深化粮食购销体制改革的通知》,部分原有做法被启用,继续坚持政府定购,同时增加定购数量。政府大幅提高定购价格收购粮食的做法使"保量放价"实际上变为"提价定购",政府掌握了70%至80%的粮源,提高了其平抑价格和稳定市场的宏观调控能力。1995年,粮食定购价格继续提高,农民种粮积极性得到显著提升,但不断增加的粮食生产成本抵消了提价带来的好处,地区封锁、市场关闭、垄断经营和费用过高等问题显著。客观来看,政府可能并非有意回到统购的老路,但因其对粮食市场认识不清而将粮食价格波动简单地归于经营与市场的放开,因此,习惯于计划经济和行政手段的政府又重启统购的老路来管理市场(周章跃等,1995;肖春阳,2019)。

四、粮食保护价收购阶段

在粮食保护价收购阶段(1993—2003年),国家对农民余粮实行保护价收购,其中粮食市场保护价制定原则由国务院确定,保护价的具体水平由各级政府确定,并报国务院备案。粮食保护价政策的内容主要包括三个方面:一是按照保护价敞开收购农民余粮,二是粮食收储企业实行顺价销售,三是粮食收购资金封闭运行。三者的关系可以理解为:敞开收购是基础,顺价销售是关键,封闭运行是保证。总的来讲,粮食保护价收购政策运行过程中,我国粮食市场呈现出从"全面保护"到"选择保护"再到"重点保护"的特征。

(一)全面保护

我国粮食保护价政策实际上可以追溯到1990年。当年,粮食产量高达4.46亿吨,创历史新高,粮食大丰收带来的市场疲软问题引起了政府的关注。为保障农户收益,国务院颁布《关于建立国家专项粮食储备制度的决定》,提出实行保护价收购,各地向农民收购议价粮不得低于国家规定的保护价格。这个时期的保护价政策具有"全面保护"的性质,政策保护范围是农户愿意交售的余粮,保护标准是粮食议购价,保护方式是敞开收购,粮食品种和地区均不限制(孙杭生等,2002)。1993年2月,国务院发布《关于建立粮食收购保护价格制度的通知》,规定保护价范围限于原国家定购和专项储备的粮食,除早籼稻外,其他粮食品种保护价格不得低于定购价格,粮食收购保护价制度正式建立。为稳定粮食生产,1994年和1996年,政府相继大幅提高粮食定购价格,粮食增产导致市场粮价下跌。1997年,夏粮大幅增产,粮丰价落。同年6月,国务院发布《关于进一步做好夏粮收购工作的通知》,规定粮食定购价按1996年水平执行,议购粮按保护价收购,保护价按定购基准价执行,这实际上降低了保护价水平。紧接着,国务院又发出《关于按保护价敞开收购议价粮的通知》,保护价政策的变化除了降低保护价水平和强调敞开收购外,还对补贴办法进行了修改。1998年4月,全国粮食流通体制改革工作会议召开,制定了新的粮改方案,核心内容主要是"三项政策,一项改革",分别是:敞开收购、顺价销售、封闭运行和改革粮食企业,并决定将粮食定购价和保护价决策权下放给省级政府。

(二) 选择保护

新粮改政策实施一年后取得了显著成效,粮食购销企业基本按保护价敞开收购农户余粮,但也带来粮食生产结构性矛盾突出、保护价收购范围偏大影响生产结构调整等新的问题。1999年5月,国务院颁布《关于进一步完善粮食流通体制改革政策措施的通知》,决定从2000年起适当缩小保护价收购范围,促使农户调整粮食种植结构,发展优质粮食生产,在市场粮价较低的情形下,各地区在保持粮食定购制度的前提下可以将定购价格调低至保护价水平。2000年,政府再次下调定购价,但主产区市场粮价已经低于定购价和保护价,粮食收购部门无法执行"顺价销售",财政资金和仓储紧张局面无法得到缓解。在接下来的几年,保护价一直处于低水平,"保护价不保护"现象显著,农户种粮积极性受到抑制(方鸿,2009)。2000年2月,国务院发布《关于部分粮食品种退出保护价收购范围有关问题的通知》,明确规定从2000年新粮上市起长江流域及其以南地区的玉米退出保护价收购范围,意味着粮食生产和流通存在结构性和阶段性过剩的情形下,政府不再鼓励长江流域及其以南地区增加小麦和玉米种植。总的来说,这个时期的保护价政策仍然强调"敞开收购",但部分粮食品种已经退出保护范围,粮食"全面保护"向"选择保护"过渡。

(三) 重点保护

2001年7月,《国务院关于进一步深化粮食流通体制改革的意见》决定实施"放开销区、保护产区,省长负责,加强调控"的措施,要求粮食主产区坚定实施按保护价敞开收购农户余粮的政策,放开主销区粮食收购,粮食价格由市场供求决定,继续加快推进粮食购销市场化改革。这些措施的出台不仅是出于对区域性经济效益的考虑,也是我国为加入世界贸易组织而预先做出的战略性调整(孙杭生等,2002)。可以看到,我国粮食保护价政策从最初的敞开收购农民交售的余粮(不限品种与地区)的"全面保护"阶段过渡到部分粮食品种退出保护价范围的"选择保护"阶段后,继续向保护粮食主产区中重点地区的"重点保护"阶段迈进。

五、粮食购销市场化阶段

在粮食购销市场化阶段(2004年至今),政府全面放开国内粮食收购和销售市场,我国粮食支持政策从价格支持和直接补贴并存逐渐向"市场化收购＋补贴"迈进,粮食价格支持补贴占比逐渐缩小,政府充分发挥市场机制对农户粮食生产的引导作用。

(一) 价格支持和直接补贴并存

1998年,我国粮食产量达到历史最高水平后开始下滑,粮食产量在2003年倒退到接近1991年的水平,粮食生产形势严峻,粮食安全存在潜在危机。为调动农民种粮积极性,在粮食购销全面放开、粮食企业推向市场的基础上,2004年开始,我国相继出台了直接补贴政策和价格支持政策等粮食支持政策,逐步把对粮食购销企业的补贴转向对种粮农户的直接补贴。

1. 粮食直接补贴政策

2002年,我国开始实施良种补贴政策,主要针对东北地区部分高油品种实施大豆良种补贴项目。随后,良种补贴范围从大豆扩展到小麦等主要粮食品种和棉花等经济作物,补贴地区从东北扩大到主要粮食作物的优势产区。同年,安徽省和吉林省选择3个县(市)进行种粮农民直接补贴试点。2006年,粮食直接补贴范围覆盖全国主要粮食作物。2004年,财政部和农业部印发《农业机械购置补贴专项资金使用管理暂行办法》及相关文件,对特定农机购买者给予资金支持。2006年,财政部发布通知,对农民购买农资进行综合补贴(朱福守等,2016)。其中,种粮农民直接补贴、农作物良种补贴和农资综合补贴统称为"三项补贴"政策。

2. 粮食价格支持政策

2004年5月23日,国务院颁布《关于进一步深化粮食流通体制改革的意见》,提出要转换粮食价格形成机制,充分发挥粮食价格的导向作用。当粮食市场供求严重不匹配时,为保证市场供应和稳定农民收益,必要时可由国务院决定对短缺的重点粮食品种在主产区实行粮食最低收购价政策。5月26日,国务院发布《粮食流通管理条例》，对粮食收购、销售、储存等经营活动进行了规范，标志着我国粮食流通管理工作进入依法行政的新阶段。由于稻谷连续四年产不足需，政府在当年出台了早籼稻最低收购价政策，随后的两年时间里，政策实施品种扩大至中晚籼稻、粳稻和小麦，实现了基本口粮的全面覆盖。2006年，粮食流通体制改革进入新时期，《关于完善粮食流通体制改革政策措施的意见》对不实行最低收购价的主要粮食品种进行了规定，粮食市场因供大于求导致价格大幅下跌时，政府部门应及时有效地采取措施调节市场供求关系，避免出现农民"卖粮难"现象，防止"谷贱伤农"。2007年和2008年，我国又出台了玉米、大豆和油菜籽等临时收储政策。临时收储政策与最低收购价政策基本无异，两项政策不同之处在于，粮食最低收购价格在粮食播种前公布，临时收储价格在作物即将收获时公布，政府按照临储价格储存玉米等农产品，通过减少市场上该品种的流通量以实现市场稳定。

价格支持和直接补贴政策实施初期，粮食价格支持水平保持稳定，粮食收储数量总体不大，价格支持政策对粮食市场的影响较小，直接补贴政策有效促进了农民种粮积极性（张天佐等，2018）。2007年起，粮食生产成本快速增加，直接补贴政策效应递减。为稳定粮食生产、保障农户基本收益和缓解金融危机等负向影响，2008年11月，国家发展和改革委员会公布《国家粮食安全中长期规划纲要（2008—2020）》，提出要完善粮食最低收购价政策，逐步理顺粮食价格，使粮食价格置于合理范围内，增加农户种粮收益。为实现粮食生产长期稳定发展，政府部门应借鉴国际经验，探索目标价格补贴制度，从而建立符合市场化需求且适合中国国情的新型粮食价格支持体系。2008年起，政府不断提高粮食最低收购价格。截至2013年，稻谷和小麦最低收购价格累计提高92%和60%，粮食最低收购价格成为市场最高价格，国内粮食市场"政策市"特征明显。

（二）价格支持占比逐渐缩小

2014年，国家开始酝酿对粮食支持政策的改革。当年中央1号文件指出要探索推进我国农产品价格形成机制与政府补贴脱钩的改革，逐步建立粮食等农产品目标价格制度，在市场价格过低时补贴粮食生产者，在市场价格过高时补贴低收入消费者，并在当年启动东北和内蒙古大豆、新疆棉花目标价格补贴试点。大豆目标价格政策实施期间，农户基本收益没有得到有效保障,目标价格制度面临目标价格确定和补贴方式制定等技术难题,政策效果不理想。在大豆目标价格补贴试点没有取得成熟经验的前提下,为解决财政负担加重、粮食收储和进口压力加大等问题,2016年中央1号文件提出,基于市场定价、价补分离的原则,政府部门积极推进玉米收储制度改革,建立玉米生产者补贴制度。2017年,大豆目标价格补贴试点结束后改为实施市场化收购加补贴的机制。考虑到稻谷和小麦在口粮中的重要地位,政府没有取消稻谷和小麦最低收购价政策,而是调整了最低收购价格。2016年,政府首次下调早籼稻最低收购价格。2017年,为深化粮食等农产品价格形成机制,形成合理的粮食比价关系,中央1号文件提出全面下调早籼稻、中晚籼稻和粳稻最低收购价格。2018年和2019年中央1号文件继续调整粮食最低收购价格。

  在粮食价格支持占比逐渐缩小阶段,我国农业农村发展形势发生深刻变化,粮食直接补贴政策也进行了一定的调整。2015年,财政部、农业部《关于调整完善农业三项补贴政策的指导意见》指出,为了提升粮食生产潜力和保护耕地资源和耕地地力,农资综合补贴的20%、种粮大户补贴试点资金和农业"三项补贴"增量资金用于支持粮食适度规模经营,农资综合补贴的80%、种粮农民直接补贴和良种补贴用于耕地地力保护。在2015年"三项补贴"政策试点工作取得显著成效的背景下,2016年5月,财政部、农业部印发《关于全面推开农业"三项补贴"改革工作的通知》,将农作物良种补贴、种粮农民直接补贴和农资综合补贴合并为农业支持保护补贴,全国范围内全面推广"三项补贴"改革。

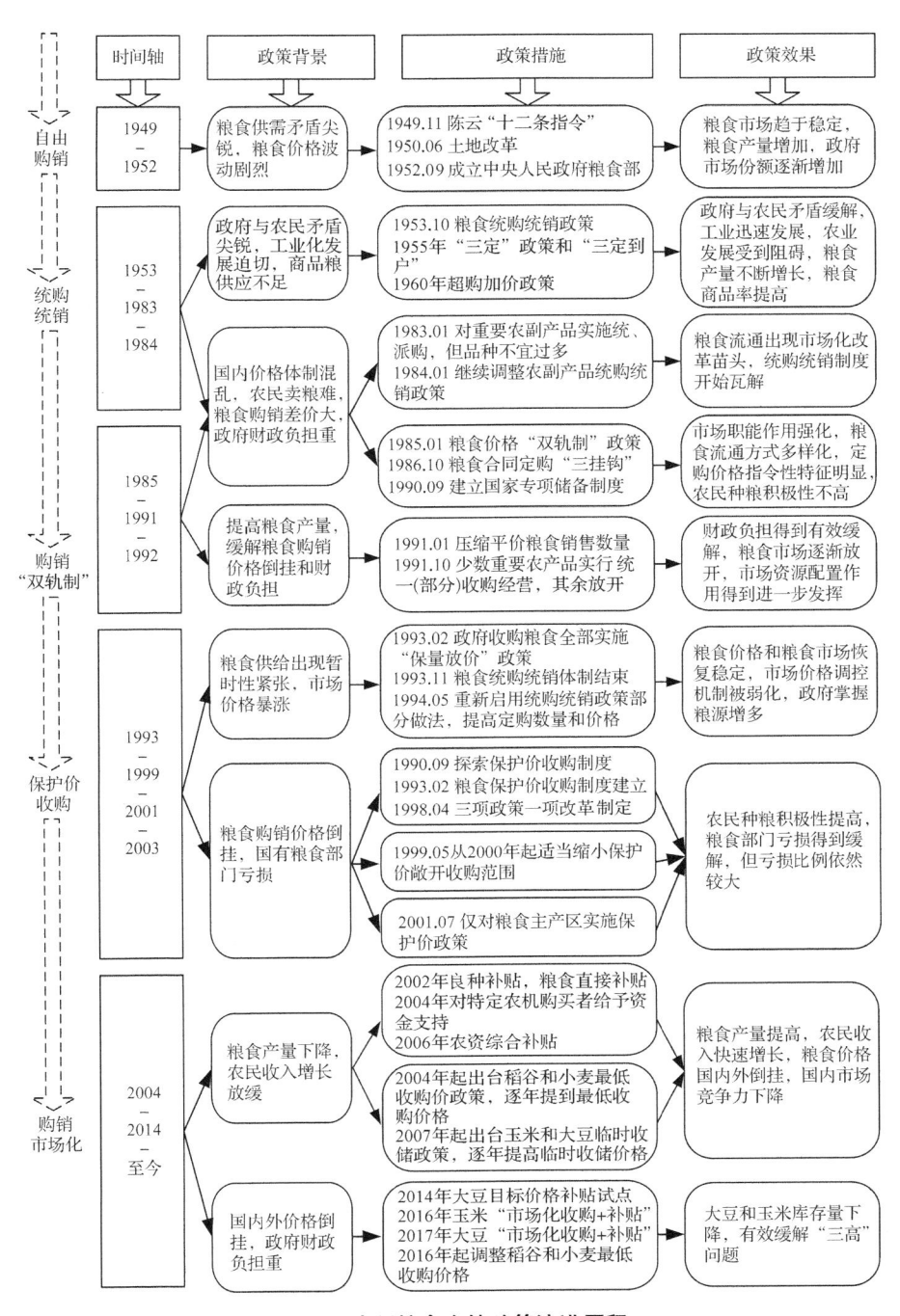

第三章 我国粮食最低收购价政策分析的逻辑框架

时间轴	政策背景	政策措施	政策效果
1949—1952（自由购销）	粮食供需矛盾尖锐，粮食价格波动剧烈	1949.11 陈云"十二条指令"；1950.06 土地改革；1952.09 成立中央人民政府粮食部	粮食市场趋于稳定，粮食产量增加，政府市场份额逐渐增加
1953—1983—1984（统购统销）	政府与农民矛盾尖锐，工业化发展迫切，商品粮供应不足	1953.10 粮食统购统销政策；1955年"三定"政策和"三定到户"；1960年超购加价政策	政府与农民矛盾缓解，工业迅速发展，农业发展受到阻碍，粮食产量不断增长，粮食商品率提高
	国内价格体制混乱，农民卖粮难，粮食购销差价大，政府财政负担重	1983.01 对重要农副产品实施统、派购，但品种不宜过多；1984.01 继续调整农副产品统购统销政策	粮食流通出现市场化改革苗头，统购统销制度开始瓦解
1985—1991—1992（购销"双轨制"）		1985.01 粮食价格"双轨制"政策；1986.10 粮食合同定购"三挂钩"；1990.09 建立国家专项储备制度	市场职能作用强化，粮食流通方式多样化，定购价格指令性特征明显，农民种粮积极性不高
	提高粮食产量，缓解粮食购销价格倒挂和财政负担	1991.01 压缩平价粮食销售数量；1991.10 少数重要农产品实行统一(部分)收购经营，其余放开	财政负担得到有效缓解，粮食市场逐渐放开，市场资源配置作用得到进一步发挥
1993—1999—2001—2003（保护价收购）	粮食供给出现暂时性紧张，市场价格暴涨	1993.02 政府收购粮食全部实施"保量放价"政策；1993.11 粮食统购统销体制结束；1994.05 重新启用统购统销政策部分做法，提高定购数量和价格	粮食价格和粮食市场恢复稳定，市场价格调控机制被弱化，政府掌握粮源增多
	粮食购销价格倒挂，国有粮食部门亏损	1990.09 探索保护价收购制度；1993.02 粮食保护价收购制度建立；1998.04 三项政策一项改革制定	农民种粮积极性提高，粮食部门亏损得到缓解，但亏损比例依然较大
		1999.05 从2000年起适当缩小保护价敞开收购范围	
		2001.07 仅对粮食主产区实施保护价政策	
2004—2014—至今（购销市场化）	粮食产量下降，农民收入增长放缓	2002年良种补贴，粮食直接补贴；2004年对特定农机购买者给予资金支持；2006年农资综合补贴	粮食产量提高，农民收入快速增长，粮食价格国内外倒挂，国内市场竞争力下降
		2004年起出台稻谷和小麦最低收购价政策，逐年提到最低收购价；2007年起出台玉米和大豆临时收储政策，逐年提高临时收储价格	
	国内外价格倒挂，政府财政负担重	2014年大豆目标价格补贴试点；2016年玉米"市场化收购+补贴"；2017年大豆"市场化收购+补贴"；2016年起调整稻谷和小麦最低收购价	大豆和玉米库存量下降，有效缓解"三高"问题

图 3.1 我国粮食支持政策演进历程

第二节　我国粮食最低收购价政策主要内容

粮食最低收购价政策的出台是粮食流通市场化改革的产物,其政策目标具有多样性,不仅包括保持粮食价格的合理水平,还在于稳定和促进粮食生产等方面。本节在对粮食最低收购价政策目标讨论的基础上,重点探讨了粮食最低收购价政策的具体内容和作用路径,以期为构建政策分析框架提供理论基础。

一、粮食最低收购价政策的基本目标

国家在制定任何一项政策前都有一定的政策背景和政策目标,粮食支持政策也不例外。各项粮食支持政策制定初期,为了防止政策内容泛化,都会设计各项政策的具体目标,政府部门根据政策目标制定相关内容。只有各项政策之间目标明晰、指向具体、分工合理,才能有效缓解甚至避免单项政策目标失焦或者多项政策整合一体产生的政策边际效应递减的政策弊端(程国强,2009;童馨乐等,2019)。粮食最低收购价政策出台之前,我国粮食产量在1998年达到了历史最高水平,之后粮食产量持续下滑。2003年,粮食产量下降到接近1991年的产量水平,粮食生产形势严峻,粮食需求量却逐步提升,粮食市场存在供需矛盾。为增加粮食产量,同时避免重蹈"谷贱伤农"的老路,2004年5月,《关于进一步深化粮食流通体制改革的意见》提出,对短缺的重点粮食品种在主产区实施粮食最低收购价政策。此后,早籼稻、中晚籼稻、粳稻和小麦相继推出最低收购价政策。概括来看,粮食最低收购价政策具体目标主要包括三个方面。

(一)稳定粮食市场

粮食价格波动剧烈不仅影响粮食有效供给,还会影响农户收益,如粮食价格下跌幅度较大可能使农户面临种粮亏损等问题,而市场充分竞争后形成的相对稳定的价格才是健康市场呈现的有效价格。因此,粮食最低收购价政策的首要目标在于稳定粮食市场,避免出现市场价格剧烈波动引起的"谷贱伤农"或者"米贵伤民"现象。当然,政府实施粮食最低收购价政策并非要完全

消除市场价格波动,而是要降低市场出现粮食价格极端值的可能性,使粮食价格置于一个合理的区间内,防止粮食市场价格存在暴涨暴跌现象(李雪等,2018)。当粮食市场价格超出合理区间范围时,政府需要通过改变粮食市场供给量来保障粮食市场价格合理波动,换句话说,粮食最低收购价政策具有托市效应。

(二) 提高粮食产量

粮食最低收购价政策是在我国粮食产量持续下滑的背景下出台的,因此,粮食最低收购价政策的初始目标包括"保供给",实现粮食有效供给,保障国家粮食安全。结合粮食最低收购价政策实施情况来看,2004年,国家对早籼稻实施最低收购价政策,由于市场价格比最低收购价格高,政策执行预案在当年并未启动。2005年,粮食最低收购价政策首次启动,当年粮食产量为48402.2万吨,比2003年的43069.5万吨增长了12.38%,粮食增产明显。2006年,我国粮食产量继续增加至49746.2万吨。此后十年时间里,粮食产量依旧呈持续增长态势,并出现历史性的"十二连增"现象。总的来讲,粮食最低收购价政策实施初期,粮食产量增长目标得到基本实现,之后,政府依旧将提高粮食产量作为该项政策的基本目标。

(三) 保障农户收益

农民增收问题一直以来是我国农业支持政策重点关注的问题。新中国成立以来,我国长期处于粮食供求紧张的状态,再加上政府早期实施"以农养工"政策,重点关注粮食产量问题,一定程度模糊了政府对增加农民收入这一目标的聚焦。2004年开始,国家确立工业反哺农业、城市支持农村和多予少取放活的政策方针,陆续出台了取消农业税、良种补贴、农资综合补贴等多项惠农政策,以保障农民收益。

粮食种植过程中会出现粮价高但收益低的情况,但对于农户来讲,只有种粮收益得到有效保障才会维持现有粮食供给或者增加粮食供给。粮食最低收购价政策出台初期,粮食最低收购价格是根据粮食生产成本加上合理的收益来确定的。2004年至2007年,稻谷和小麦最低收购价格没有发生变化,基本遵循这个定价原则。但从2008年起,为了促进农民增收,政府部门不断提高粮食最低收购价格,2007年至2014年,每50公斤小麦的最低收购价格从72

元增至118元(白麦、三等),上涨了63.89%,每50公斤粳稻的最低收购价格从75元增至155元,上涨了106.67%。2015年和2016年,在国家粮食市场价格大幅下跌和国内粮食高库存背景下,小麦和稻谷最低收购价格依旧维持在2014年的最低收购价格水平,一定程度有效保障了农户种粮收益。显然,为了实现粮食市场供给的稳定性,政府部门通过制定粮食最低收购价格来保障农民收益,从而维持农户生产积极性,即保障农户收益是粮食最低收购价政策的一个基本目标。

二、粮食最低收购价政策目标的内在矛盾性

我国历史经验表明,不同时期内粮食增产和农民增收目标之间的关系呈现出较大的差异性。计划经济背景下,粮食价格保持稳定,产量较多的农户能够获得更多的种粮收益,粮食产量增长与农民增收目标之间呈现出相容性和一致性特征。但市场经济背景下,对于农户个体来讲,产量越多的农户可能会获得更多的收益,但对于农民整体来讲,粮食产量增多意味着粮食市场供给数量大于需求数量,粮食市场价格随之下降。如果粮食产量增长的幅度小于粮食价格下跌的幅度,农民平均收益反而会下降,粮食产量目标与收益目标之间就会呈现出矛盾性特征(柯炳生,1993)。此外,不同市场条件下粮食增产与增收目标之间的关系也会不同。结合粮食产量和农民效用变化关系来看(详见图3.2),当粮食产量供不应求时,市场存在未被满足的粮食需求,增加粮食市场供给量的同时能够实现农民效用增加目标,即粮食增产与农民增收双重目标能够同时实现。然而,市场粮食供给超过均衡产量后,粮食供给相对宽松或者供大于求的情形下,粮食产量增加使粮食价格面临下行压力,市场出现"谷贱伤农"现象,粮食增产和农民增收目标无法同时实现。

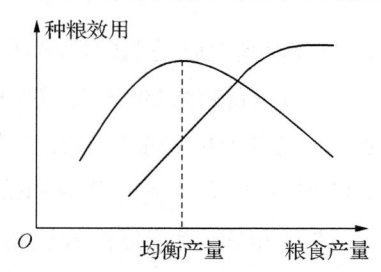

图3.2 粮食增产目标与增收目标的矛盾性

根据粮食最低收购价政策目标内容,考虑到粮食等农产品价格弹性相对较低,产量增加往往伴随着价格下跌(Chen 等,2014),增加粮食产量和提高农民收益目标之间可能存在内在矛盾性。具体来看:当国内粮食市场供给不足、国内粮价低于国际粮价时,若政策实施得当,增加粮食产量可能会提高农户收益水平,粮食增产与农民增收这两个目标是可以兼顾的。然而,当国内粮食市场供大于求(或者供求紧平衡)、国内外粮价倒挂时,表面上看,政府通过持续提高粮食最低收购价格能够实现粮食增产和农民增收目标,但粮食最低收购价格持续上涨带来的成本增长、库存挤压、进口激增等问题不仅使政府承担巨额、低效的财政支出,还稀释了农民种粮的收益,政策增产与农民增收目标无法同时兼顾。

总的来看,在粮食市场供给短缺阶段,或者粮食生产过剩但国内粮价处于低位运行阶段,粮食增产与农民增收目标短期内是可以兼顾的;但长期来看,政府通过持续提高粮食最低收购价格来实现产量目标和收益目标的做法是不具有可持续性的。

三、粮食最低收购价政策的具体内容

粮食最低收购价政策是以政府定价为核心的价格支持政策,是国家在充分发挥市场机制基础上进行的宏观调控。为了实现稳定粮食市场、增加粮食产量和提高农民收益等政策目标,2004 年,我国开始出台粮食最低收购价政策。在粮食作物播种前,政府每年公布当年相关品种最低收购价格并出台政策执行预案。粮食收获后,如果粮食市场价格低于最低收购价格,政策被启动,国家入市收购,通过掌握一定的粮源来实现粮食市场稳定;如果粮食市场价格高于粮食最低收购价格,政策不会被启动,粮食市场价格能够有效反映市场供求关系,市场机制得以发挥作用,粮食经营企业按市场价格入市收购农民粮食,后期市场供给减少、价格上涨阶段政府顺价销售政策性粮食储备以熨平市场粮价波动。根据上述政策内容,政府对粮食最低收购价政策的执行主体、实施品种、实施地区和实施时间等方面均进行了一定的规定与限制。具体如下:

(一)粮食最低收购价政策执行主体

粮食最低收购价政策的执行主体是中国储备粮管理总公司及其委托公

司。中储粮有关分公司及其直属企业要按照"有利于保护农民利益、有利于粮食安全储存、有利于监管、有利于销售"的原则,合理确定粮食最低收购价政策的委托收储库点。委托收储库点应具有粮食收购资格,在农发行开户,有一定的规模和仓容量,仓房条件符合《粮油仓储管理办法》(国家发展改革委令2009年第5号)要求,具备必要的检化验设备和人员,具有较高管理水平和良好信誉。

政策实施期间,如果粮食市场价格低于政府规定的最低收购价格,中国储备粮管理总公司及其委托公司要按照政策价格从市场收购粮食,对其执行粮食最低收购价政策收购的粮食数量、质量、库存管理及销售出库等负总责,指导和督促委托收储企业严格执行收购价政策,既不能压级压价损害农民利益,也不能抬级抬价扰乱市场秩序;并逐级落实管理责任,建立定期巡查制度,确保最低收购价库存粮食数量真实、质量良好、储存安全。

此外,中储粮有关分公司及其直属企业要按有关规定,对收购入库的最低收购价粮食品种、数量和质量等级及时进行审核验收,并对验收结果负责。对验收中发现入库的粮食数量、质量指标与收购码单等原始凭证标注不符的,要及时核减最低收购价收购进度和库存统计,扣回全部费用利息补贴。验收合格后,要建立委托收储库点的质量档案,做到分品种、分等级专仓储存。在最低收购价政策粮食销售时发现库存粮食实际数量、质量与销售标的不符的,造成的损失由负有监管责任的中储粮直属企业先行赔付,并查明原因,追究相关负责人和有关人员的责任。

值得一提的是,除中国储备粮管理总公司及其委托公司等执行主体外,其他粮食企业则是随行就市收购粮食。由于粮食最低收购价格一般高于市场价格,农户、粮食经纪人等市场主体会将粮食售卖给国家。某种程度上,中国储备粮管理总公司及其委托公司与其他粮食经营企业之间存在一定的市场不公平性。

(二)粮食最低收购价政策实施品种和地区

粮食最低收购价政策并非涵盖所有粮食品种和所有地区,政策实施品种和地区只限于政策规定的粮食品种的主产区范围,非政策实施品种和非政策实施区域的粮食价格完全由市场供求关系决定,不执行该项政策。

粮食最低收购价政策实施品种主要包括稻谷和小麦两大类。对于小麦品种来讲,2006年以来,小麦最低收购价政策执行省份始终包括六个省份,分别是河南、河北、湖北、山东、江苏和安徽。对于稻谷品种来讲,2004—2007年,早籼稻最低收购价政策执行省份包括四个省份:湖南、湖北、江西和安徽,2008年开始,广西被纳入政策执行范围;2004—2007年,中晚籼稻和粳稻最低收购价政策执行省份包括六个省份:黑龙江、吉林、湖南、湖北、江西和安徽,2008年开始,广西、辽宁、江苏和河南被纳入政策执行范围。

我国粮食最低收购价政策实施品种和地区详见表3.1。

表3.1 粮食最低收购价政策实施品种与地区

政策品种	实施年份	实施地区
小麦	2006—2023	河北、江苏、安徽、山东、河南、湖北
早籼稻	2004—2007	安徽、江西、湖北、湖南
	2008—2023	安徽、江西、湖北、湖南、广西
中晚籼稻/粳稻	2004—2007	黑龙江、吉林、湖南、湖北、江西、安徽
	2008—2023	黑龙江、吉林、辽宁、湖南、湖北、江西、安徽、江苏、河南

(三)粮食最低收购价政策实施时间

政府并不是全年从事政策性粮食收购工作,而是根据粮食收获时间和农民售粮习惯规定收购时间,农民在此期间按照政府公布的最低收购价格销售粮食,在此时间范围之外的粮食价格由市场供求关系决定。一般来讲,小麦的政策执行时间为每年的6月初到9月底;早籼稻的政策执行时间为每年的7月中旬到9月底;东北三省粳稻的政策执行时间为每年的11月中旬至第二年的3月底,其他省份粳稻的政策执行时间为当年的9月中旬到12月底。

(四)粮食最低收购价政策收购粮食数量

2020年以前,政府部门并没有对最低收购价粮食收购数量进行总量的限制。2020年开始,为继续实行并进一步完善粮食最低收购价政策,同时锁定财政开销,鼓励更多企业入市收购,稻谷和小麦最低收购价政策开始打"组合拳":总量限制和分段收购相结合。具体地,2020—2023年,限定最低收购价小麦收购总量均为3 700万吨,限定最低收购价稻谷收购总量均为5 000万吨(籼稻2 000万吨、粳稻3 000万吨)。限定收购的具体操作方式如下:

1. 分批下达

分品种来看,稻谷限定收购总量分两批次下达,第一批数量为4 500万吨(籼稻1 800万吨、粳稻2 700万吨),不分配到省;第二批数量为500万吨(籼稻200万吨、粳稻300万吨),视收购需要具体分配到省;小麦限定收购总量分两批次下达,第一批数量为3 330万吨,不分配到省;第二批数量为370万吨,视收购需要具体分配到省。

当粮食最低收购价全国收购总量达到第一批数量的90%时,中储粮有关分公司应会同省级粮食等部门单位及时提出本省第二批收购的计划数量建议。中储粮集团公司根据当年稻谷(或小麦)产量、收购量、农户余粮和市场价格等情况统筹平衡各省数量后,报国家粮食和物资储备局批准。国家粮食和物资储备局通过政府网站公布各省第二批收购数量。在第一批收购完成后,有关省份按照批准的第二批数量继续开展收购。当收购量达到本省批准数量时,立即停止该省最低收购价收购且不再启动。

2. 动态监测

启动最低收购价执行预案后,中储粮集团公司要严格按照预案有关规定,加强统计监测,每五日向国家粮食和物资储备局报送收购进度;启动第二批收购后,中储粮集团公司要按日报送收购进度。国家粮食和物资储备局定期通过政府网站公布最低收购价全国收购总量。省级粮食等有关部门要结合稻谷(或小麦)商品量和农户余粮情况,及时开展调研调度,全面掌握收粮进度。

(五)粮食最低收购价格

粮食最低收购价政策是否启动与最低收购价格和市场价格之间的差额存在密切相关性,因此,粮食最低收购价格的制定水平显得尤为重要。我国粮食最低收购价格的制定主要以生产成本为基础,粮食最低收购价格等于粮食生产成本加上政府给予农户的收益补贴。这也直接表明粮食最低收购价政策是一种价格支持政策,政府对农户的支持依赖于粮食最低收购价格水平。

分品种来看,我国水稻最低收购价政策最早于2004年出台,当年每50公斤早籼稻、中晚籼稻和粳稻的最低收购价格分别为70元、72元和75元。三种品种水稻最低收购价格存在一定的差异性,但基本上呈现出粳稻最低收购价格略高、中晚籼稻最低收购价格次之、早籼稻最低收购价格最低的特征。小麦最低收购价格政策品种主要包括白小麦、红小麦和混合麦三种，2006年至2011年，三种品种小麦最低收购价格并不一致，自2012年起，不同品种小麦最低收购价格保持一致。总的来讲，粮食最低收购价政策实施期间，无论是水稻品种还是小麦品种，粮食最低收购价格并非呈现出不断上涨态势，不同粮食品种最低收购价格均存在一定的波动性，部分年份甚至出现下调现象。这体现出政府希望通过对粮食最低收购价格的调整以实现引导农户种植以及保障种粮收益的目标，但受限于粮食生产成本不断上涨等因素的影响，粮食最低收购价政策实施以来，粮食最低收购价格下调的年份相对较少。这不仅导致政府财政负担过重，还造成农户对粮食最低收购价格过度依赖，粮食市场"政策市"特征显著。

表3.2 粮食最低收购价格变化情况（2004—2023年）

单位：元/50公斤

年份	早籼稻	中晚籼稻	粳稻	白小麦	红小麦	混合麦
2004	70	72	75	—	—	—
2005	70	72	75	—	—	—
2006	70	72	75	72	69	69
2007	70	72	75	72	69	69
2008(1)	75	76	79	75	70	70
2008(2)	77	79	82	77	72	72
2009	90	92	95	87	83	83
2010	93	97	105	90	86	86
2011	102	107	128	95	93	93
2012	120	125	140	102	102	102
2013	132	135	150	112	112	112
2014	135	138	155	118	118	118
2015	135	138	155	118	118	118
2016	133	138	155	118	118	118
2017	121	127	132	118	118	118
2018	120	128	130	115	115	115
2019	120	128	130	112	112	112
2020	121	127	130	112	112	112
2021	122	128	130	113	113	113

续　表

年份	早籼稻	中晚籼稻	粳稻	白小麦	红小麦	混合麦
2022	124	129	131	115	115	115
2023	126	129	131	117	117	117

注：2008(1)代表年初的粮食最低收购价格，2008(2)代表新粮上市的粮食最低收购价格。资料来源：根据国家发展和改革委员会网站相关资料整理所得。

四、粮食最低收购价政策的作用路径

以家庭为单位的农业生产经营方式下，农户自行决定粮食种植品种和播种面积，其生产决策主要受到种粮收益的影响。粮食生产过程中，自然风险、市场风险和经济风险等多重因素影响下，粮食价格和产量均处于不断波动的状态。对粮食生产者来讲，为降低自身营粮风险，避免犯系统性错误，农户会根据自身生产条件和自然、经济及社会等外部环境因素形成价格预期并作出生产决策，最终完成粮食生产和实现自身收益最大化等目标。对消费者来讲，粮食消费数量主要受到当前市场价格信息的影响。根据上述分析，本部分将粮食供给数量和需求数量表示为式(3.1)和(3.2)，其中，Y_t^S 和 Y_t^D 分别为预期粮食供给和需求数量，P_t^e 为粮食生产者预期价格，P_t^m 为粮食市场价格，α 和 α' 均为方程截距项，β 和 β' 分别为价格供给反应系数和需求反应系数。具体方程如下：

$$Y_t^S = \alpha + \beta * P_t^e \quad (3.1)$$

$$Y_t^D = \alpha' + \beta' * P_t^m \quad (3.2)$$

前面已经提到，农户粮食供给数量主要受到农户预期价格的影响，接下来，本部分将从农户预期视角出发，对粮食最低收购价政策的作用路径进行分析。农户预期价格是农户根据现有生产条件和掌握的市场等信息形成的一个心理判断，实际上是农户从事农业生产活动所能接受的"最低价格"。

粮食最低收购价政策实施过程中，农户不仅关注上期粮食市场价格信息，还关注上期粮食市场价格与粮食最低收购价格之间的价格差，然后结合本期粮食最低收购价格形成预期价格并作出生产决策。简而言之，农户预期价格的形成包括两个阶段：农户首先综合分析上期市场信息(主要包括粮食市场价格与粮食最低收购价两个价格指标)形成参照价格,然后在参照价格和本期粮食最低收购价格之间权衡后形成预期价格。其中,第一阶段中的参照价格既可能是粮食市场价格也可能是粮食最低收购价格。农户生产决策形成过程详见图3.3。

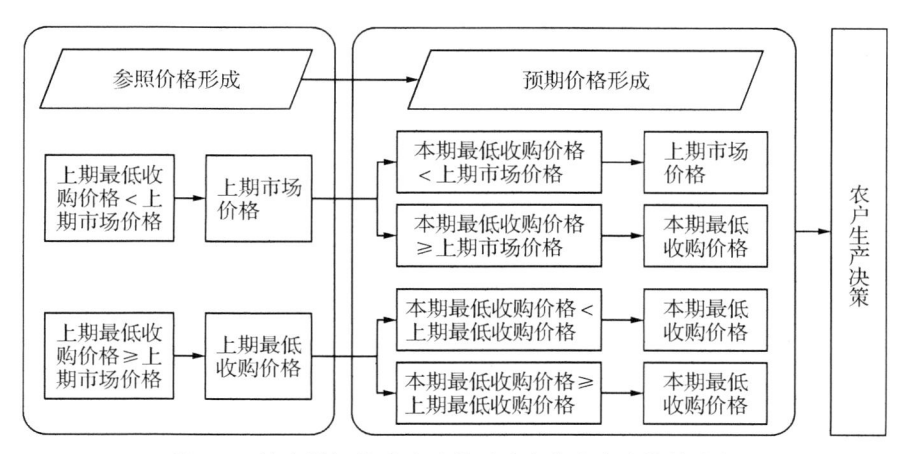

图3.3 粮食最低收购价政策影响农户生产决策的路径

（一）上期粮食市场价格为参照价格

上期粮食市场价格为参照价格时,上期粮食最低收购价格低于上期粮食市场价格,粮食最低收购价政策在上期并未启动,农户上期收益为粮食市场价格与产量的乘积并扣除粮食生产成本,即 $\Pi_{t-1} = P_{t-1}^m * Y_{t-1} - C(X, Q)$。其中,$\Pi$ 表示农户种粮收益,P^m 为粮食市场价格,Y 为粮食产量,C 为成本函数,X 和 Q 表示各项投入要素的价格与数量,t 为时间。进一步地,农户在上期粮食市场价格和本期粮食最低收购价格之间权衡后形成预期价格。

第一种是本期粮食最低收购价格低于上期粮食市场价格（参照价格）,上期粮食市场价格为预期价格。

若每期粮食市场价格为农户预期价格,市场价格能够真实地反映粮食供求关系并调整粮食市场供给,整个市场是完全有效的。粮食生产是自然再生产与经济再生产相互交织的过程,其生物学特性决定了粮食市场供给存在一定的时滞性,任何外界因素的冲击都会导致粮食价格出现波动。一旦粮食市场价格低于粮食最低收购价格,粮食最低收购价政策将被启动,现实市场环境实际上很难出现这种理想化的情形。值得一提的是,粮食最低收购价政策未启动可能存在两种情形:一种是粮食最低收购价格制定水平较低,粮食市场价格在很低的水平下仍然高于粮食最低收购价格,政策启动条件没有达到,粮食最低收购价政策无法实现保护农户收益的目的。我国粮食最低收购价政策实施初期,政府缺乏政策实施经验,粮食最低收购价格制定水平较低,因此政策初期的效果是有限的。另一种是粮食最低收购价格制定合理,粮食市场价格高于粮食最低收购价格,市场价格发挥作用并调节粮食生产,粮食最低收购价政策虽然没有启动,但起到了托市的政策设计初衷。

第二种是本期粮食最低收购价格高于或等于上期粮食市场价格(参照价格),本期粮食最低收购价格为预期价格。

根据图 3.4,政府尚未出台粮食最低收购价政策时,农户预期价格为上期粮食市场价格 P_{t-1}^m,本期粮食供给量为 Q_t,本期粮食市场价格应为 P_t^m,低于市场均衡价格。农户本期粮食生产面临亏损,下期粮食供给减少,下期粮食市场价格可能大幅增加,粮食市场价格面临波动剧烈的潜在风险。然而,在粮食市场存在最低收购政策且粮食最低收购价格高于上期粮食市场价格的背景下,图 3.4 中 P^l 为粮食最低收购价格,一方面,农户根据粮食最低收购价格调整粮食供给量,本期粮食供给量从 Q_t 增至 Q_t',粮食增产目标得以实现;另一方面,本期粮食供给量增加导致粮食市场价格下降时,政府按照粮食最低收购价格入市收购,粮食本期市场供给量下降导致市场价格提升,农户单位粮食获得粮食最低收购价格水平的收益,粮食最低收购价政策的实施有效避免了"谷贱伤农"现象的出现。可以看出,粮食最低收购价政策通过影响农户价格预期来调整其种植决策,政策实施不仅有效增加了粮食产量,而且缓解了粮食市场价格下跌带来的农户种粮收益受损状况,政策增产增收目标得以实现。

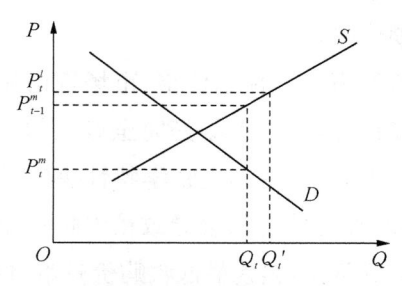

图 3.4 粮食最低收购价政策作用路径($P_t^l > P_{t-1}^m$)

(二) 上期粮食最低收购价格为参照价格

上期粮食最低收购价格为参照价格时,上期粮食最低收购价格高于或等于上期粮食市场价格,粮食最低收购价政策在上期被启动。主产区农户上期收益为上期粮食最低收购价格与产量的乘积并扣除粮食生产成本,即:

$$\Pi_{t-1} = P_{t-1}^l * Y_{t-1} - C(X,Q),$$

其中,P^l 为粮食最低收购价格,粮食最低收购价政策的实施一定程度上保障了农户收益。与参照价格为上期粮食市场价格情形不同的是,上期粮食最低收购价政策启动的背景下,无论本期粮食最低收购价格水平如何,农户都将以本期粮食最低收购价格为预期价格调整粮食生产。

具体来看:本期粮食最低收购价格低于上期粮食最低收购价格时,农户预期价格为本期粮食最低收购价格,粮食供给量为 Q'_t,粮食供给量减少;本期粮食最低收购价格高于或等于上期粮食最低收购价格时,农户预期价格依旧是本期粮食最低收购价格,粮食供给量变为 Q''_t,粮食供给量增加。产量与价格具体变化情况详见图 3.5。农户之所以将本期粮食最低收购价格看作预期价格的原因是,无论本期粮食最低收购价政策是否启动,农户单位粮食收益仅受到本期粮食最低收购价格的影响,与上期粮食最低收购价格水平不存在显著的联系。

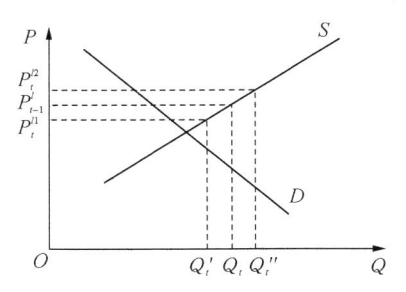

图 3.5 粮食最低收购价政策作用路径($P_{t-1}^l > P_{t-1}^m$)

值得一提的是,上期粮食最低收购价格为参照价格的情形下,农户本期收益情况仅与本期粮食最低收购价格相关,但粮食最低收购价格的变化趋势却会对农户心理预期产生不同的影响,尤其在粮食最低收购价政策高频启动的背景下更是如此。结合我国粮食最低收购价政策实施过程具体来看:

2008—2014 年,国内外粮食市场环境逐渐发生变化,国内粮食生产成本不断增加,国际粮食价格不断下跌,国内外粮食价格倒挂现象明显。为保障农户收益和稳定粮食市场,政府不断提高粮食最低收购价格,粮食最低收购价政策被频繁启动。(1)从农户生产行为来看,不断提高的粮食最低收购价格导致农户形成粮食最低收购价"只升不降"的心理预期,政策高频启动使得农户生产行为主要受到粮食最低收购价格的影响。(2)从市场功能发挥来看,粮食最低收购价政策逐渐成为一种常态化政策,粮食市场"政策市"取代"市场市",粮食市场价格呈"隐性"特征,不仅无法有效反映粮食市场供求关系,也无法起到市场价格的导向作用,市场配置资源功能丧失。(3)从粮食种植结构来看,粮食最低收购价格不断增长导致政策作用品种与其他农产品之间比价关系失衡,农业生产结构不合理。

2014年以来,我国粮食最低收购价格持续增长态势发生扭转。2015年至2016年,粮食最低收购价格与2014年持平。2016年开始,政府逐步调整粮食最低收购价格,如2016年下调早籼稻最低收购价格。根据图3.5粮食最低收购价政策作用路径,本期粮食最低收购价格低于上期粮食最低收购价格时,粮食总产量可能下降。对于农户来讲,粮食最低收购价政策启动较为频繁的背景下,农户对粮食最低收购价政策已经形成了较强的依赖心理。一旦粮食最低收购价格下调幅度超出农户心理预期时,农户本期粮食生产量可能存在大幅下降现象,市场稳定性遭到破坏,粮食生产可能面临安全危机。

第三节 粮食最低收购价政策分析框架

任何一项经济政策的实施必然会产生相应的政策效果。2004年以来,我国粮食产量稳步增长,粮食最低收购价政策实施起到了重要的促进作用。2007年,国际市场粮食价格处于高位运行期,国内粮食价格能够平稳运行一定程度上也是得益于该项政策的支持。本章前面的部分详尽总结了我国粮食支持政策的演进历程和粮食最低收购价政策的主要内容。接下来,本节将从政策基本目标出发,试图构建关于粮食最低收购价政策实施效果与改革思路的分析框架。

一、粮食最低收购价政策的托市效应

在没有政策支持的粮食市场环境中,粮食生产极易受到外界因素的影响,粮食市场价格和产量可能处于剧烈波动状态。当粮食市场价格出现大

幅波动时,粮食市场极易出现"谷贱伤农"或者"米贵伤民"的情形,不利于维护社会稳定。前面已经提到,农户粮食供给行为受到农户预期价格的影响,政府按照"生产成本＋收益"的原则制定粮食最低收购价格,并在每年农户播种之前公布。粮食最低收购价政策实施过程中,农户根据上期粮食市场价格和两期粮食最低收购价格等价格信息形成预期价格并作出生产决策,粮食最低收购价政策通过影响农户价格预期对农户种植决策产生影响。对于主产区农户来讲,粮食收获期时,农户单位粮食产量至少可以获得粮食最低收购价格水平的收益,粮食最低收购价格实际上起到"托底"的作用。因此,在国内外粮食市场环境逐渐发生变化的背景下,国内粮食价格在全球粮食价格急剧波动时依旧保持平稳上涨趋势,粮食最低收购价政策的实施无疑对提高主产区粮食价格和稳定粮食市场起到明显的促进作用(王士海等,2012)。可以说,粮食最低收购价政策的托市效应是政府实现粮食增产与农民增收的基础与前提。

二、粮食最低收购价政策的产量效应

理论上讲,粮食最低收购价格不仅体现了政府对农户收益的保障水平,还起到了重要的信号传递作用,政府通过制定粮食最低收购价格以实现引导农户生产并提高粮食产量的政策目标。粮食最低收购价政策实施初期,政府制定的粮食最低收购价格水平较低,部分年份该项政策并未启动,粮食产量增长相对缓慢。2007年以来,政府不断提高粮食最低收购价格以刺激农户生产,粮食产量也随之迅速增长,2012年我国粮食产量突破6亿吨大关,有力地保障了国家粮食安全和社会稳定。

也有研究认为,没有证据表明粮食最低收购价政策的实施对稻谷面积增加存在激励作用(钟钰等,2012)。尤其近几年,粮食最低收购价格变动频繁,部分年份出现粮食最低收购价下降的现象,但我国粮食产量并没有呈现出与粮食最低收购价格相同的变化趋势。因此,有必要深入探讨我国粮食最低收购价政策的实施与粮食生产之间的关系。

三、粮食最低收购价政策的收益效应

粮食最低收购价政策实施过程中,政府在粮食播种前制定并公布粮食最

低收购价格,农户单位面积粮食产量至少能够获得最低收购价格水平的收益,农户种粮收益更具有确定性和保障性。这种观点也获得了部分学者的支持,认为粮食最低收购价政策的实施有力地促进了粮食生产,增加了农民种粮收益(贺伟,2010;朱满德,2011)。然而,也有学者指出,随着粮食最低收购价政策的持续实施和高频启动,通过主粮价格支持政策促进农户收入增加的效果逐渐减弱(贾娟琪等,2018)。前面已经提到,产量目标与收益目标的关系在不同时期内存在较大的差异性。

考虑到粮食最低收购价政策在我国已经实施20年之久,尤其近年来政府开始不断调整稻谷和小麦最低收购价格,政策实施的收益效应可能随着粮食市场环境的变化而逐渐发生变化,因此,有必要对我国粮食最低收购价政策的收益效应作进一步探讨。

四、粮食最低收购价政策的福利效应

观察新中国成立以来的农业支持政策演进历程可以发现,我国农业支持政策目标从早期的"以农养工"逐渐向"工业反哺农业"转变。2004年以来,中央政府连续出台了多项强农惠农政策,取消了农业税,陆续实施了"三项补贴"政策和粮食最低收购价政策等粮食支持政策。

近年来,随着价格支持政策的持续实施,政策负外部性逐渐显现,从2014年开始,政府逐渐对价格支持政策实施改革。对于大豆品种,政府首先进行目标价格补贴试点,之后改为生产者补贴政策;对于玉米品种,政府取消临时收储政策并改为生产者补贴政策;对于稻谷和小麦品种,政府对粮食最低收购价格进行调整,改变了以往粮食最低收购价格只增不降的政策惯性,并开始对稻谷和小麦收购数量进行限定。

因此,政府如何进一步推进粮食最低收购价政策改革是社会各界关注的重点问题。可以确定的是,无论政府接下来如何对粮食最低收购价政策进行改革,提高社会总福利和降低政府财政成本是政策改革的重要准则,政府会通过权衡政策改革前后社会净福利的变化情况而作出最优决策。对此,有必要从政策福利效应的角度对粮食最低收购价政策实施带来的社会净福利变化情况进行分析。

五、粮食最低收购价政策分析的逻辑框架

截至 2023 年,我国粮食最低收购价政策已出台 20 年之久,政策实施在稳定粮食市场、增加粮食产量和保障农户收益等方面起到了重要促进作用,政策托市、增产和增收等目标得以实现。然而,在政策实施过程中,粮食市场资源配置效应逐渐减弱,国内外粮食价格倒挂明显,政府财政负担过重等负外部性不断显现,这让我们不禁怀疑,政策实施效果是否开始甚至已经减弱,再加上任何一项政策持续实施的动力在于政策实施能够带来净福利效应,因此,在对我国粮食最低收购价政策实施效果进行客观评价的基础上,有必要结合政策福利效应,对未来粮食最低收购价政策可能的完善和改革思路进行探讨,这也构成了本书关于粮食最低收购价政策分析的逻辑起点。

基于上述逻辑起点,具体分析框架如下:首先,以粮食最低收购价政策实施为背景,从现实层面对我国粮食市场基本特征进行概括和总结,然后采用实证分析方法检验粮食最低收购价政策实施对粮食市场、粮食生产和农户收益的影响,理论与实证相结合,对我国粮食最低收购价政策实施效果进行客观评价。

值得一提的是,粮食最低收购价政策三个具体目标中,托市目标更像是增产和增收目标的基础和前提。原因在于,政府每年制定并公布粮食最低收购价格,粮食最低收购价格起到了市场托底的作用,农户单位面积粮食产量至少可以获得粮食最低收购价格水平的收益,稳定的市场预期不仅能够保障农户种粮基本收益,而且对于稳定和刺激农户生产积极性具有重要促进作用,因此,稳定市场更像是实现产量目标和收益目标的基础。在此基础上,本书拟从社会福利角度出发,通过对比和分析粮食最低收购价政策和生产者补贴政策的社会福利效应,探讨未来我国粮食最低收购价政策改革的基本思路,从而为政府接下来完善和改革粮食最低收购价政策提供现实依据与理论参考。

本书的逻辑框架可以用图 3.6 表示。

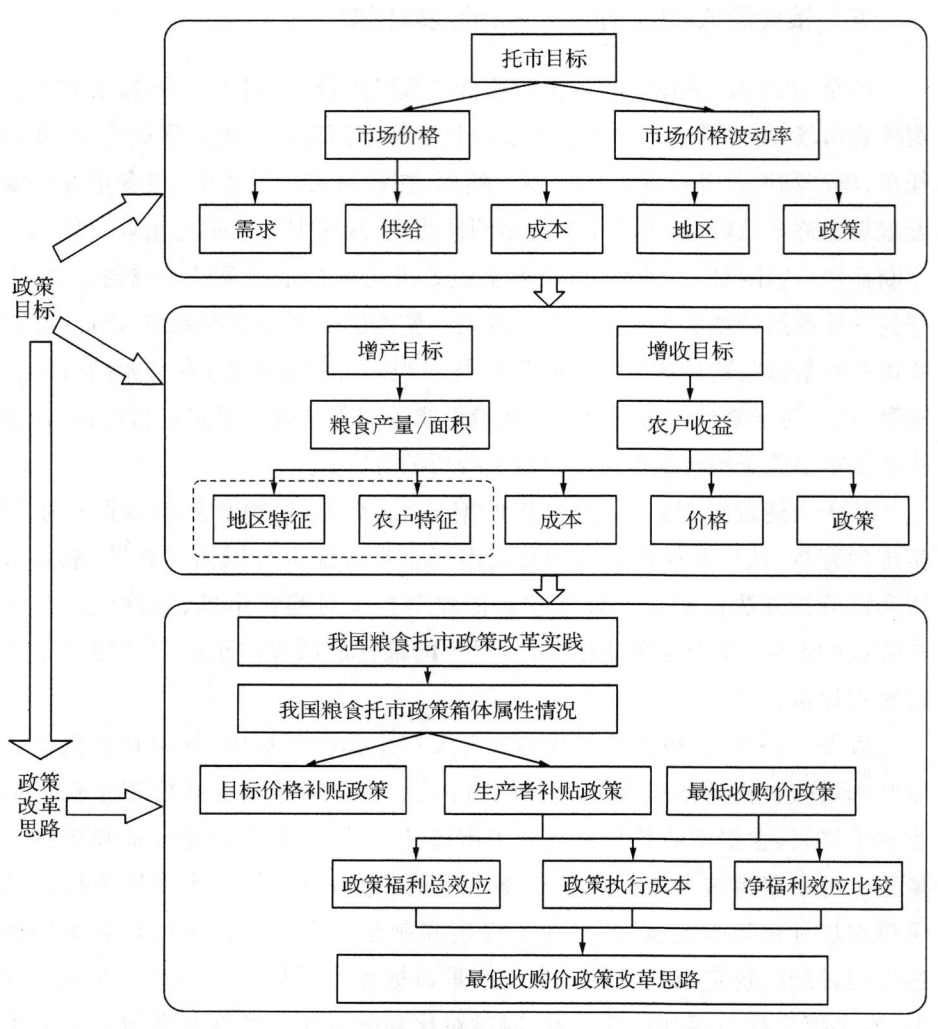

图 3.6　研究内容的总体逻辑框架

第四节　本章小结

针对粮食最低收购价政策这一主题,本章在梳理我国粮食支持政策演进历程,总结我国粮食最低收购价政策基本目标、具体内容和作用路径的基础上,构建关于粮食最低收购价政策的分析框架。具体来看:

(1) 粮食支持政策演进历程方面。任何一项粮食支持政策的出台都有特定的历史背景和现实场景。新中国成立以来,我国粮食支持政策经历了自由购销、统购统销、购销"双轨制"、保护价收购和购销市场化五个阶段,每个阶段都出台了丰富的粮食支持政策,且各项粮食支持政策的实施对于解决当时的粮食市场问题起到重要的促进作用。然而,随着国内经济社会发展和国际市场形势不断发生变化,部分粮食支持政策在长期执行过程中暴露出与市场不相容的矛盾与冲突。这些问题的出现也促使我国粮食支持政策改革逐渐呈现出市场性和开放性等特征,政策演进过程亦从政府全面干预向市场化逐步推进,相应地,粮食最低收购价政策的出台、实施、完善和改革也是如此。

(2) 粮食最低收购价政策内容方面。从粮食最低收购价政策基本目标来看,粮食最低收购价政策目标主要包括稳定粮食市场、提高粮食产量和保障农户收益三个方面,其中,增产目标与增收目标之间可能存在一定的内在矛盾性。从粮食最低收购价政策具体内容来看,政府部门对政策执行主体、政策实施品种、实施地区、执行时间、收购数量和粮食最低收购价格等方面均进行了一定的限制与规定。从粮食最低收购价政策作用路径来看,政府通过制定粮食最低收购价格影响农户市场预期,农户根据粮食最低收购价格和粮食市场价格等信息形成预期价格并作出生产决策。

(3) 粮食最低收购价政策分析框架方面。粮食最低收购价政策目标具有多重性,其中,稳定市场更像是实现产量目标和收益目标的基础与前提,政府在托市的基础上实现粮食产量目标和收益目标。随着粮食最低收购价政策负外部性的不断显现,以及政策目标之间的内在矛盾性与冲突性,政策实施成本逐渐高于政策总福利,粮食最低收购价政策面临改革。在此背景下,本书构建关于粮食最低收购价政策的逻辑分析框架:一部分是基于政策目标对政策实施效果进行评价;另一部分是结合社会福利效应,通过对比粮食最低收购价政策和生产者补贴政策社会净福利效应,提出可能的政策改革思路。

第四章 粮食最低收购价政策背景下的我国粮食市场特征

经过多年努力,我国粮食生产发展迅速,粮食总产量和单产均处于世界领先地位,用占世界9%的耕地养活了世界近20%的人口,明确给出了"谁来养活中国"的中国答案,并且粮食市场价格未出现大幅波动现象,对于保障国内和国际粮食安全均做出了重要贡献。本章拟从现实层面出发,着重分析1998年以来尤其是粮食最低收购价政策实施期间我国粮食市场的基本特征,主要包括我国在世界粮食市场中的地位,国内粮食生产以及粮食市场价格变化情况等方面,从而全面考察我国粮食市场发展的整体情况。

第一节 我国在世界粮食市场中的地位

一、我国粮食产量在世界粮食市场中的地位

纵观世界主要粮食生产国家,我国粮食总产量常年位居世界第一,其次是美国和印度,除2010年以外,三个主要粮食生产国的世界粮食总产量始终保持在45%至50%之间,1998年甚至超过了50%。分国家来看,苏联解体后,得益于得天独厚的农业生产条件和政府对农业生产的大力支持,俄罗斯在沉寂数年后逐渐发展成为粮食大国,2014年粮食产量达到1.03亿吨,超出俄罗斯粮食安全所需的数量;印度尼西亚凭借其丰富的农业资源成为世界上公认的农业大国,粮食作为该国种植业的基础性产业,其产量在世界范围内占据重要地位。与中国、印度、俄罗斯和印度尼西亚等国家不同,美国、法国、加拿大等国家地广人稀、粮食生产自然基础优厚,并且本国粮食消费量相对较小,因而是世界主要的商品粮生产国。

从表4.1世界主要粮食生产国粮食总产量情况可以看到,1998年至2020年,各国粮食总产量均呈波动上涨趋势,中国、美国、印度、俄罗斯等八个粮食主

产国粮食总产量分别增长 30.68％、24.36％、52.68％、177.86％、31.81％、163.58％（与 1999 年相比）、27.52％和 27.10％。对比各主要粮食生产国粮食产量变化趋势可以发现，不同国家粮食增长趋势存在较大差异性。2010 年，受到全球异常高温干旱天气等因素的影响，中国以外的主要粮食生产国粮食总产量普遍下降明显。以俄罗斯为例，2010 年 6 月之后，该国多地区遭受旱灾，部分地区甚至发生森林火灾，农田被毁，粮食作物特别是小麦作物大幅减产。据俄罗斯联邦农业部估算，俄罗斯国内约 1/3 的耕地可能出现颗粒无收的现象。相较于其他国家，我国粮食总产量首先从 1998 年的 4.61 亿吨降至 2003 年的 3.80 亿吨，2004 年开始，粮食总产量连续 12 年增长，2015 年增至 6.21 亿吨，这是其他粮食生产国历史上不曾实现的，而这种现象的出现与中央政府取消农业税、实施粮食最低收购价政策、直接补贴政策等农业支持政策是不可分割的。

表 4.1　世界主要粮食生产国粮食总产量（1998—2020 年）

单位：万吨

年份	中国	美国	印度	俄罗斯	印度尼西亚	巴西	法国	加拿大
1998	51 230	34 970	21 944	4 680	5 853	—	4 458	5 115
1999	50 839	33 603	23 004	5 378	5 867	4 764	6 476	5 378
2000	46 218	34 263	23 493	6 433	6 158	4 589	6 570	5 109
2001	45 264	32 532	23 061	8 362	5 522	5 633	6 048	4 425
2002	45 706	29 879	21 175	8 485	6 111	5 024	6 966	3 629
2003	43 070	34 864	23 631	6 540	6 267	6 543	5 495	5 013
2004	46 947	38 907	23 236	7 623	6 531	3 421	7 053	5 268
2005	48 402	36 659	24 228	7 656	6 600	5 569	6 422	5 309
2006	49 804	33 861	24 360	7 687	6 606	5 915	6 173	4 858
2007	50 414	41 517	26 048	8 050	7 044	6 944	5 954	4 811
2008	53 434	40 354	26 756	10 639	7 658	7 975	7 011	5 603
2009	53 941	41 981	24 881	9 559	8 203	7 143	7 003	4 939
2010	55 911	40 113	26 784	5 962	7 761	7 516	6 584	4 612
2011	58 849	38 679	28 552	9 183	8 337	7 759	6 569	4 721
2012	61 223	35 693	29 329	6 876	8 844	8 991	7 098	5 178
2013	63 048	43 655	29 394	9 038	8 979	10 090	6 752	6 637
2014	63 965	44 293	29 399	10 315	8 985	10 140	5 615	5 130
2015	66 060	40 113	26 784	5 962	8 480	7 516	6 584	4 579

续 表

年份	中国	美国	印度	俄罗斯	印度尼西亚	巴西	法国	加拿大
2016	66 044	43 187	28 433	10 245	9 501	10 603	7 288	5 336
2017	66 161	46 685	31 364	13 130	11 007	11 798	6 873	5 638
2018	65 789	46 795	31 832	10 984	8 945	10 306	6 274	5 810
2019	66 384	42 155	32 430	11 787	8 530	12 122	7 038	6 113
2020	66 949	43 488	33 504	13 004	7 715	12 557	5 685	6 501

注：数据来源于历年《中国农村统计年鉴》；粮食统计口径不包括大豆和薯类。

二、我国粮食总产量增长率在世界粮食市场的地位

从表4.2世界主要粮食生产国粮食总产量增长率变化情况可以看到，1999年至2020年，中国粮食总产量增长率年际之间变化不大，粮食市场相对稳定，其他国家粮食总产量增长率在不同年份之间存在较大差异。具体来看：经过1997年至1999年的粮食总产量滞涨期，中国粮食总产量呈下跌趋势。2004年，粮食最低收购价政策和粮食直接补贴等农业政策支持下，中国粮食总产量增长率高达9.00%。2004年以来，除部分年份粮食总产量增长幅度超过3%，其余年份粮食总产量增长率（或下降率）均维持在3%以内，粮食总产量年际之间波动较小。

表4.2 世界主要粮食生产国粮食总产量增长率（1999—2020年）

单位：%

年份	中国	美国	印度	俄罗斯	印度尼西亚	巴西	法国	加拿大
1999	−0.76	−3.91	4.83	14.91	0.24	—	45.27	5.14
2000	−9.09	1.96	2.13	19.62	4.96	−3.67	1.45	−5.00
2001	−2.06	−5.05	−1.84	29.99	−10.33	22.75	−7.95	−13.39
2002	0.98	−8.16	−8.18	1.47	10.67	−10.81	15.18	−17.99
2003	−5.77	16.68	11.60	−22.92	2.55	30.23	−21.12	38.14
2004	9.00	11.60	−1.67	16.56	4.21	−47.72	28.35	5.09
2005	3.10	−5.78	4.27	0.43	1.06	62.79	−8.95	0.78
2006	2.90	−7.63	0.54	0.40	0.09	6.21	−3.88	−8.50
2007	0.71	22.61	6.93	4.72	6.63	17.40	−3.55	−0.97
2008	5.40	−2.80	2.72	32.16	8.72	14.85	17.75	16.46
2009	0.40	4.03	−7.01	−10.15	7.12	−10.43	−0.11	−11.85
2010	2.95	−4.45	7.65	−37.63	−5.39	5.22	−5.98	−6.62

续 表

年份	中国	美国	印度	俄罗斯	印度尼西亚	巴西	法国	加拿大
2011	4.53	−3.57	6.60	54.03	7.42	3.23	−0.23	2.36
2012	3.22	−7.72	2.72	−25.12	6.08	15.88	8.05	9.68
2013	2.10	22.31	0.22	31.44	1.53	12.22	−4.87	28.18
2014	0.84	1.46	0.02	14.13	0.07	0.50	−16.84	−22.71
2015	2.37	−9.44	−8.89	−42.20	−5.62	−25.88	17.26	−10.74
2016	−0.83	7.66	6.16	71.84	12.04	41.07	10.69	16.53
2017	7.36	8.10	10.31	28.16	15.85	11.27	−5.69	5.66
2018	−0.56	0.24	1.49	−16.34	−18.73	−12.65	−8.72	3.05
2019	0.90	−9.92	1.88	7.31	−4.64	17.62	12.18	5.22
2020	0.85	3.16	3.31	10.32	−9.55	3.59	−19.22	6.35

注：数据来源于历年《中国农村统计年鉴》；粮食统计口径不包括大豆和薯类。

相较于中国来讲，美国、印度等主要粮食生产国粮食总产量增长率年际之间变化较大，部分国家部分年份粮食总产量波动率甚至超过60%。以美国为例，1999年以来，除2000年、2008年、2014年和2018年，其余年份美国粮食总产量波动率均超过3%，2007年粮食总产量增长率超过20%，粮食总产量波动率波动较大，表明粮食"市场市"特征明显，但较大的粮食总产量波动率也间接表明粮食市场稳定性不足，一定程度上不利于粮食生产的稳定性。

第二节 我国粮食生产变化情况

一、粮食总产量变化情况

（一）粮食总产量V型特征明显，年均增速下降

1998年至2021年，我国粮食总产量呈先下降后缓慢增长态势，V型特征明显。结合图4.1我国粮食总产量变化情况来看，2004年之前，我国粮食总产量缓慢下降，从1998年的51 230万吨降至2003年的43 069万吨，粮食减产约8 161万吨，减产了15.93%；2004年以来，我国粮食总产量波动上涨，从2003年的43 069万吨波动增长至2021年的68 285万吨，增加了25 216万吨，增长率高达58.55%，年均增长率为2.59%。可以看到，2003年至2021年，我

国粮食生产实现 18 年连丰,其中 2013 年粮食总产量突破 6 亿吨,这在新中国成立以来是未曾出现的景象。

显然,粮食连年丰产的背后不仅得益于农业生产技术水平的提升,更是受益于政府出台的最低收购价政策、临时收储政策等粮食支持政策的大力支撑。结合我国粮食总产量增速可以看到,2014 年以来,我国粮食总产量波动幅度呈下降态势。具体来看,2003—2014 年,我国粮食总产量年均增速为 3.17%;2014—2021 年,我国粮食总产量年均增速降至1.70%,粮食持续增产面临较大压力。

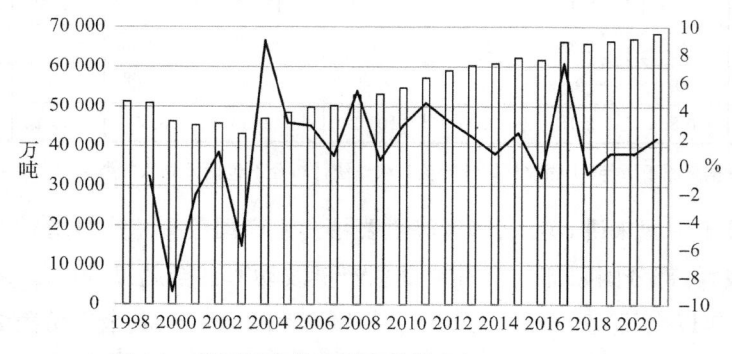

图 4.1 我国粮食总产量变化情况(1998—2021 年)

(二) 主产区粮食产量全国占比不断增加

对比表 4.3 我国粮食主产区和非粮食主产区粮食产量数据可以发现,1998 年至 2021 年,我国粮食主产区粮食总产量呈先下降后缓慢增长态势,非粮食主产区粮食产量变化相对平稳,并且主产区粮食总产量占全国粮食总产量的比重不断加大。

具体地,2003 年之前,我国粮食主产区总产量整体呈波动下降态势。2003 年至 2021 年,主产区粮食总产量从 30 579 万吨增至 53 603 万吨,增加了 23 024 万吨,年均增长率约 3.17%。非主产区粮食总产量从 1998 年的 14 914 万吨增至 2021 年的 14 682 万吨,粮食增产幅度相对较小。结合主产区和非主产区粮食产量占全国粮食总产量的比重来看,1998 年至 2021 年,主产区粮食总产量占全国粮食总产量的比重均在 70% 以上,且呈现出小幅上涨的趋势,从 1998 年的 70.89% 增加到 2021 年的 78.50%,增加了 7.61%,非主产区粮食总产量全国占比从 29.11% 降至 21.50%。可以说,主产区粮食生产对全国粮食产量增长作出了重要贡献,在保障国家粮食安全中起到了至关重要的作用。

表 4.3　我国粮食主产区和非主产区粮食总产量及全国占比(1998—2021 年)

年份	主产区粮食总产量（万吨）	主产区粮食产量占比（%）	非主产区粮食总产量（万吨）	非主产区粮食产量占比（%）
1998	36 316	70.89	14 914	29.11
1999	36 518	71.83	14 321	28.17
2000	32 607	70.55	13 610	29.45
2001	32 379	71.53	12 885	28.47
2002	32 913	72.01	12 793	27.99
2003	30 579	71.00	12 491	29.00
2004	34 115	72.67	12 832	27.33
2005	35 443	73.23	12 959	26.77
2006	37 618	75.53	12 186	24.47
2007	37 640	75.04	12 520	24.96
2008	39 918	75.50	12 953	24.50
2009	39 710	74.81	13 372	25.19
2010	41 184	75.36	13 464	24.64
2011	43 422	76.02	13 699	23.98
2012	44 610	75.66	14 348	24.34
2013	45 763	76.03	14 431	23.97
2014	46 021	75.81	14 681	24.19
2015	47 341	76.18	14 803	23.82
2016	46 776	75.90	14 849	24.10
2017	52 138	78.81	14 022	21.19
2018	51 769	78.69	14 020	21.31
2019	52 371	78.89	14 013	21.11
2020	52 598	78.56	14 352	21.44
2021	53 603	78.50	14 682	21.50

注：数据来源于历年《中国农村统计年鉴》。

二、粮食播种面积变化情况

(一) 我国粮食播种面积整体变化不大

粮食播种面积的稳定性能够很好地反映国家的粮食安全形势。1998 年至 2021 年，我国粮食播种面积变化不大，年均增长率约 0.14%，粮食播种面积占农作物播种面积的比重基本保持在七成左右。

具体来看:1998 年至 2003 年,我国粮食播种面积呈现出一定的下降趋势,从 113 788 千公顷降至 99 410 千公顷,减少 14 378 千公顷,下降了 12.64%,粮食播种面积的下降一定程度也导致这段时期内我国粮食总产量的下滑,具体变化趋势详见图 4.2。2004 年开始,全国粮食播种面积呈波动上涨趋势,从 2003 年的 99 410 千公顷增至 2021 年的 117 631 千公顷,增加 18 221 千公顷,增长了 18.33%。结合粮食播种面积占农作物播种面积的比重来看,1998—2021 年,我国粮食播种面积占农作物播种面积的比重相差不大,基本维持在 70% 左右,粮食播种面积的稳定性一定程度上保障了粮食产量的稳定性,但也从侧面说明,未来粮食增产空间可能更多地依赖粮食单产水平的提高。

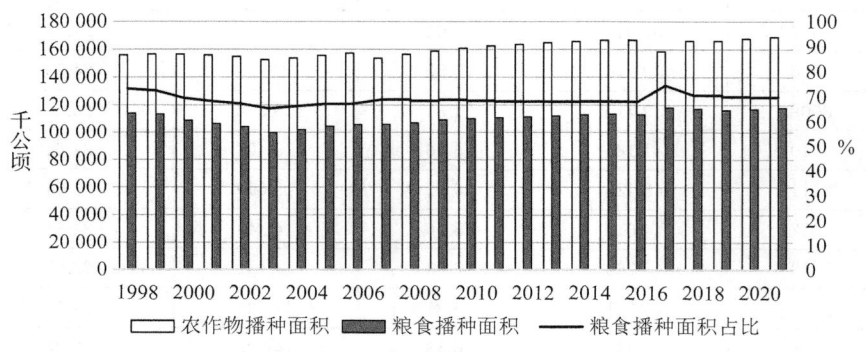

图 4.2 我国农作物和粮食播种面积变化情况(1998—2021 年)

(二)主产区粮食播种面积小幅增长,非主产区粮食播种面积波动下降

结合表 4.4 我国粮食主产区和非主产区粮食播种面积数据可以发现,1998 年以来,我国粮食主产区粮食播种面积呈先下降后增长态势,其占全国粮食播种面积的比重逐渐增大,非主产区粮食播种面积呈波动下降趋势,其在全国粮食播种面积的比重相应下降。

具体来看,1998—2003 年,主产区粮食播种面积从 76 759 千公顷降至 68 549 千公顷,减少 8 210 千公顷,减少了 10.70%;但自 2004 年以来,主产区粮食播种面积不断上涨,从 2003 年的 68 549 千公顷增至 2021 年的 88 569 千公顷,增加 20 020 千公顷,增加 29.21%,年均增长 1.43%。非主产区粮食播种面积波动下降,从 1998 年的 37 029 千公顷降至 2021 年的 29 062 千公顷,减少 7 967 千公顷,下降了21.52%。结合主产区和非主产区粮食播种面积占全国粮食播种面积的比重来看,1998—2021年,主产区粮食播种面积占全国粮食播种面积的比重呈波动增加趋势,从67.46%增至75.29%,增加了7.83%,非主产区粮食播种面积全国占比则从32.54%降至24.71%,表明我国主产区粮食播种面积的稳定增长对于粮食多年丰产作出了重要贡献,并且其在粮食生产中的作用越来越重要。

表4.4 我国粮食主产区和非主产区粮食播种面积及全国占比(1998—2021年)

年份	主产区粮食播种面积（千公顷）	主产区粮食播种面积占比（%）	非主产区粮食播种面积（千公顷）	非主产区粮食播种面积占比（%）
1998	76 759	67.46	37 029	32.54
1999	76 403	67.52	36 759	32.48
2000	73 143	67.44	35 320	32.56
2001	72 406	68.26	33 674	31.74
2002	71 234	68.57	32 658	31.43
2003	68 549	68.96	30 861	31.04
2004	70 388	69.27	31 219	30.73
2005	72 568	69.59	31 710	30.41
2006	73 739	69.90	31 750	30.10
2007	76 156	72.09	29 482	27.91
2008	76 717	71.84	30 076	28.16
2009	78 010	71.58	30 975	28.42
2010	78 550	71.49	31 327	28.51
2011	79 104	71.54	31 469	28.46
2012	79 617	71.60	31 588	28.40
2013	80 232	71.66	31 724	28.34
2014	81 080	71.93	31 642	28.07
2015	81 647	72.04	31 696	27.96
2016	81 513	72.11	31 522	27.89
2017	88 735	75.21	29 254	24.79
2018	88 312	75.46	28 726	24.54
2019	87 654	75.52	28 410	24.48
2020	88 070	75.42	28 698	24.58
2021	88 569	75.29	29 062	24.71

注:数据来源于历年《中国农村统计年鉴》。

三、粮食单产变化情况

（一）粮食单产整体波动上涨，主产区粮食单产水平较高

1998—2021年，全国、主产区和非主产区粮食单产水平整体呈波动上涨趋势，主产区粮食单产高于全国和非主产区粮食单产水平。1998年，全国、主产区和非主产区粮食单产分别为每公顷4 502千克、4 731千克和4 028千克；2021年，全国、主产区和非主产区粮食单产每公顷分别上升到5 805千克、6 052千克和5 052千克，分别增加1 303千克、1 321千克和1 024千克，增长率分别为28.94%、27.92%和25.42%。对比全国、主产区和非主产区粮食单产变化情况，主产区粮食单产水平最高，全国粮食单产次之，非主产区粮食单产最低。

以2021年为例，主产区粮食单产为每公顷6 052千克，全国和非主产区粮食单产分别为每公顷5 805千克和5 052千克，主产区每公顷粮食单产比全国每公顷粮食单产高247千克，高4.25%；比非主产区每公顷粮食单产高1 000千克，高19.79%。显然，粮食单产水平的提高对于粮食总产量的增长作出了重要贡献，并且在保障全国粮食安全中发挥的作用越来越重要，但长期来看，粮食播种面积无法大幅增长的条件下，主产区粮食将面临巨大的单产水平提升的压力。

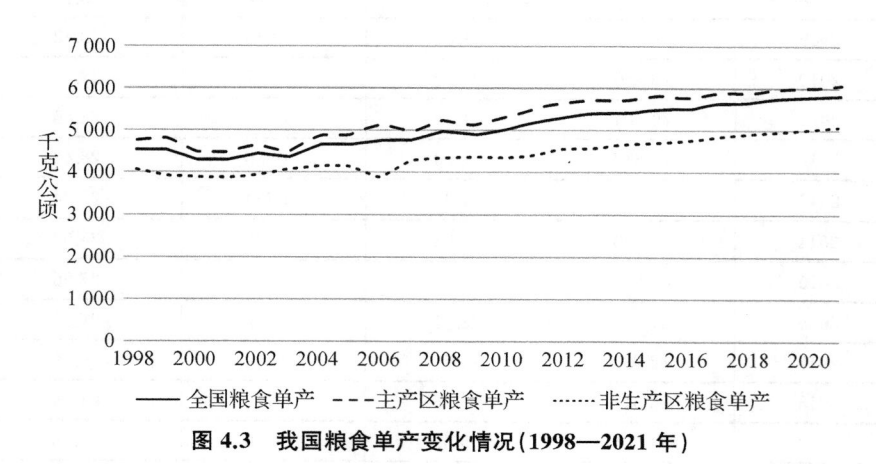

图4.3 我国粮食单产变化情况（1998—2021年）

（二）粮食单产增速逐渐趋于平缓

结合图4.4我国粮食单产增速变化情况可以发现，粮食主产区单产增速与

全国粮食单产增速变化趋势较为一致,表明主产区粮食单产水平对全国粮食单产具有较强的支撑作用。分阶段来看,2014年之前,我国粮食单产增速波动幅度较大,部分年份粮食单产增速甚至超过10%,2014年之后,我国粮食单产增速波动幅度下降,基本维持性在3%以内,整体趋于平缓,表明依靠提高粮食单产水平提高来实现粮食增产的压力越来越大。

—— 全国粮食单产增速　- - - 主产区粮食单产增速　……… 非主产区粮食单产增速

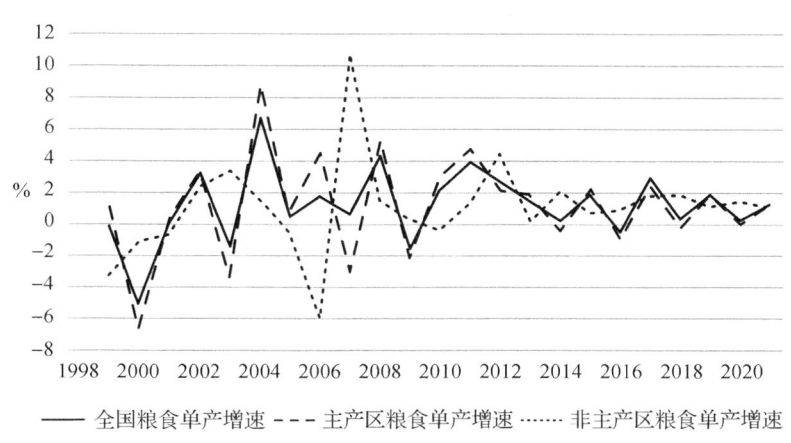

图 4.4　我国粮食单产增速变化情况(1998—2021年)

四、粮食成本收益变化情况

根据前面关于粮食的概念,广义的粮食范畴主要指谷类作物、食用豆类作物和薯类作物的集合,但考虑到小麦、水稻和玉米等三大主粮种植的广泛性,本部分重点对三种主粮成本收益变化情况进行分析。

(一) 平均每亩总产值和总成本波动上涨,净利润近年有所下降

粮食种植的收益性直接影响农民生产的积极性。1998—2020年,我国三种主粮平均每亩总产值和总成本均呈波动上涨趋势,近年来有所放缓,部分年份甚至出现三种主粮每亩产值低于每亩成本的现象,平均净利润呈先缓慢上涨后波动下降趋势。具体来看:

1998—2003年,三种主粮平均每亩总产值和总成本变化不大,基本维持在每亩400元左右,粮食生产净收益在零上下波动,表明农户从事粮食生产的基本收益几乎为零,严重阻碍了农户生产积极性,这也解释了这段时期我国粮食产量逐渐下滑的部分原因。2004年,我国粮食生产成本变化不大,粮食总产值增长迅

速,农户种粮净收益显著增加,可能原因是政府取消农业税、粮食直接补贴政策和稻谷最低收购价政策等多项惠农政策的出台刺激了农户种粮积极性。2004年至2013年,三种主粮平均每亩总产值和总成本持续上涨,但观察同时期粮食净收益可以发现,我国粮食净收益并没有出现显著增长态势,每亩粮食净收益基本保持在200元左右。可能的原因是,粮食生产成本的快速增长稀释了粮食种植总产值,农户种粮净收益并没有因此快速增长。2011年之后,农户种粮净收益出现波动下降现象,表明粮食生产的高成本严重稀释了粮食种植的净利润,尤其是2016年和2017年,农户种粮净收益出现了负数现象,农户种粮存在亏损。2014年以来,三种主粮每亩总产值出现下降,总成本并没有出现显著下降现象,但其增速开始放缓,每亩粮食总产值下降速度高于总成本下降速度的背景下,农民种粮每亩净利润出现负值,农户种粮存在亏损。

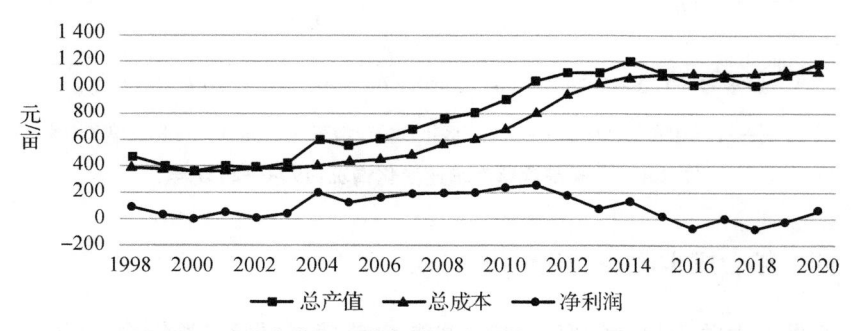

图 4.5 三种主粮平均成本收益变化情况(1998—2020年)

(二)每亩生产成本和土地成本波动上涨,土地成本占比增加

粮食生产总成本主要包括生产成本和土地成本两个部分,其中,生产成本包括物质与服务费用和人工成本两类。人工成本又包括家庭用工折价和雇工费用,土地成本包括流转地租金和自营地折租两类。结合图4.6三种主粮平均每亩总成本结构变化情况可以发现,1998—2020年,三种主粮平均每亩生产成本和土地成本均呈波动上涨趋势,土地成本增速高于生产成本增速,且土地成本在粮食生产总成本中的比重越来越大。

分时间段来看:1998—2003年,三种主粮每亩生产成本和土地成本呈先下降后缓慢增长态势。2003—2014年,三种主粮每亩生产成本和土地成本快速增长,部分年份增长率甚至高达22.02%,其中,每亩生产成本从2003年的324.30

元增至 2014 年的 864.63 元,增加 166.61%,年均增长率为 9.32%;每亩土地成本从 2003 年的 52.73 元增至 2014 年的 203.94 元,增加 286.76%,年均增长率高达 13.08%。2014 年以来,三种主粮每亩生产成本和土地成本增速放缓,部分年份甚至出现短暂下降现象,但每亩生产成本和土地成本仍处于较高水平。此外,三种主粮每亩土地成本的大幅增长使得其在总成本中的比重逐渐增大,从 1998 年的 15.75% 增至 2020 年的 27.11%,比重提高了 11.36%。实际上,不管是生产成本的增加还是土地成本的提高,均挤占了农户的生产收益,使得农户"丰产不丰收"现象凸显。

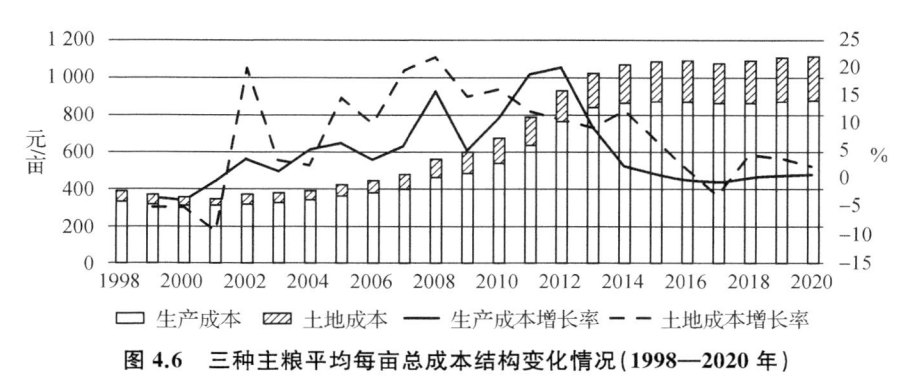

图 4.6 三种主粮平均每亩总成本结构变化情况(1998—2020 年)

(三)物质与服务费用占比较大,雇工费用和流转地租金占比增加

结合三种主粮总成本构成占比来看,我国粮食生产总成本中,物质与服务费用占比在一半左右,主要原因在于粮食生产过程中,化肥、农药等要素投入的不断增加导致粮食生产成本逐年提高,挤占了农户大量收益。人工成本占比排在第二位,其中,雇工费用占比呈不断增长态势,从 1998 年的 1.92% 增至 2020 年的 3.67%,增加了 1.75%,这与现阶段农业生产过程中用工难用工贵的现象具有较强的一致性。排在第三位的是粮食生产土地成本占比,其中,自营地折租占比和流转地租金占比分别从 1998 年的 11.42% 和 2.19% 波动增长至 2020 年的 17.40% 和 3.93%,分别增加 5.98% 和 1.74%。实际上,持续上涨的土地租金也会带来一系列现实问题,如可能会改变粮食种植者的种粮意愿,由于粮食种植收益较低,土地承包户可能会改变农业经营决策,改为种植经济效益更高的经济作物。这种土地经营者对土地使用的意愿转变,显然可能会对国家的粮食生产存在一定的影响。

表 4.5　三种主粮总成本构成情况（1998—2020 年）

单位：%

年份	生产成本			土地成本	
	物质与服务费用	人工成本		流转地租金	自营地折租
		家庭用工折价	雇工费用		
1998	50.96	33.51	1.92	2.19	11.42
1999	51.99	28.96	5.69	1.66	11.71
2000	51.34	32.85	2.63	1.38	11.81
2001	51.17	34.11	2.58	1.33	10.81
2002	51.11	32.67	2.44	1.40	12.38
2003	49.50	34.02	2.49	0.99	12.99
2004	50.61	32.70	3.02	1.51	12.17
2005	49.79	33.12	2.68	1.36	13.23
2006	50.52	31.49	2.65	1.49	13.85
2007	49.86	30.28	2.89	1.64	15.33
2008	51.17	28.15	2.97	1.79	15.92
2009	49.53	28.49	2.89	1.88	17.21
2010	46.46	30.66	3.07	2.28	17.53
2011	45.30	32.80	2.98	2.24	16.68
2012	42.53	36.56	3.16	2.33	15.42
2013	40.45	38.72	3.16	2.56	15.11
2014	39.11	38.76	3.05	3.04	16.05
2015	39.00	38.14	2.89	3.34	16.64
2016	39.28	37.36	3.03	3.52	16.80
2017	40.42	36.42	3.23	3.55	16.38
2018	41.10	35.08	3.26	3.78	16.78
2019	41.68	33.81	3.47	3.31	17.72
2020	41.80	33.20	3.67	3.93	17.40

数据来源：历年《全国农产品成本收益资料摘要》

第三节　我国粮食价格变化情况

一、粮食市场价格变化情况

（一）粮食批发市场价格波动上涨，分阶段增速差异明显

1998—2023年，我国粮食市场批发价格整体呈上升趋势。具体来看：1996—1997年，我国粮食产量增加，粮丰价落，政府开始下调保护价，逐渐缩减政策覆盖范围与品种，粮食购销体制逐渐向市场化迈进。粮食市场从保护价收购向市场价过渡过程中，1998—2003年，我国粮食价格不断下降。小麦价格从1998年1月的每吨1 461.94元下降到2003年9月的每吨1 096.33元，相应地，玉米从每吨1 299.86元下降到1 111.98元，早籼稻从1998年8月的每吨1 220元下降到2003年9月的1 050.33元。粮食价格持续下跌严重影响了农民生产积极性，粮食产量大幅下降，2003年的粮食产量倒退到接近1991年的产量水平，粮食产量下降又导致粮食价格逐渐上涨。2004年，粮食产量触底反弹。为防止谷贱伤农，缓解粮食价格下行压力，刺激农民生产积极性，2004年5月和6月，国务院分别颁布《粮食流通管理条例》和《关于进一步深化粮食流通体制改革的意见》，并在2004年和2006年相继颁布了稻谷和小麦最低收购价政策，2008年颁布了玉米临时收储政策。

截至2023年，粮食价格支持政策已出台20年之久，各项粮食价格支持政策实施背景下，不同品种粮食价格整体呈先上升后下降的态势。对于稻谷和小麦品种来讲，稻谷和小麦价格呈波动上涨状态，2015年，政府开始调整粮食最低收购价格，粮食最低收购价格结束了之前持续增长趋势，部分年份粮食最低收购价格出现下降现象，相应地，稻谷和小麦市场价格开始下降。对于玉米品种来讲，2016年，政府对玉米收储制度进行改革，取消玉米临时收储政策并改为市场化收购加补贴政策，相应地，玉米价格也呈不断下降状态。近几年，为保障农户收益，政府又提高了粮食最低收购价格，各品种粮食市场价格也存在不同程度上涨。

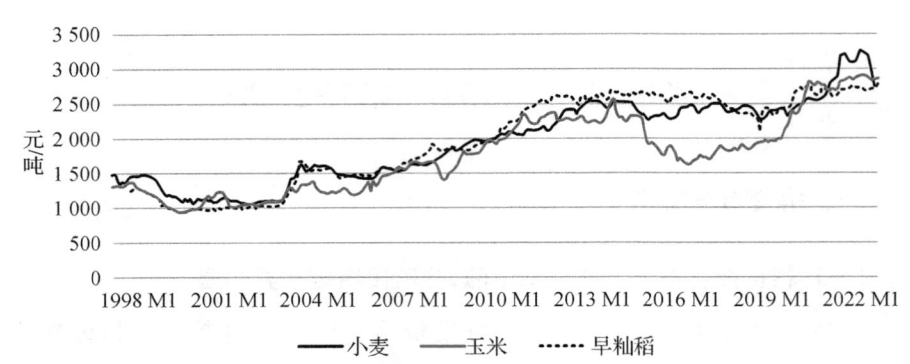

图 4.7　分品种粮食批发市场价格变化情况（1998—2023 年）

数据来源：中华粮网和布瑞克数据库。

（二）粮食集贸市场价格波动上涨，近年增速放缓

与粮食批发价格变化趋势相类似，2000 年以来，我国粮食集贸市场价格整体呈波动上涨趋势，近年来粮食集贸市场价格增速放缓。具体来看：2000 年 1 月至 2003 年 7 月，小麦和水稻集贸市场价格整体呈波动下降态势，小麦集贸市场价格从每公斤 1.12 元变为 1.08 元，粳稻和籼稻价格分别从每公斤 1.32 元和 1.1 元降至 1.16 元和 1.04 元，玉米价格从 0.85 元增至 1.13 元，并没有出现明显的下降。

粮食支持政策未出台前，粮食价格的变动趋势与市场粮食供应量存在密切关联性，粮食价格的持续下跌也导致 2003 年的粮食产量倒退至 1991 年的产量水平，相应地，2003 年粮食集贸市场呈现出快速增长特征。以小麦为例，2004 年 10 月，每公斤小麦集贸市场价格涨至 1.58 元，同比增加 38.60%。2004—2014 年，水稻、小麦和玉米集贸市场价格均呈波动上涨态势，其中，粳稻价格增长幅度要高于籼稻价格，小麦价格增速相对平缓。2015 年以来，玉米集贸市场价格呈先下降后增长态势，主要原因在于，2015 年玉米临时收储价格首次下调，玉米价格有所回落，2016 年，玉米临时收储政策调整为市场化收购加补贴的新机制，农民随行就市出售玉米，玉米"政策市"特征减弱，玉米集贸市场价格出现下跌。

近年来，玉米市场需求旺盛，粮食收购成本增加，再加上资本炒作等因素，导致玉米价格上涨。小麦受生产成本上涨推动和国际市场传导等因素影响，集贸市场价格稳中有涨；水稻价格相对平稳，价格总体波动幅度不大，粮食价格的稳定性也为应对新冠肺炎疫情冲击和保持物价基本稳定提供了重要的支撑作用。

图 4.8　分品种粮食集贸市场价格变化情况（2000—2023 年）

数据来源：历年《中国农产品价格调查年鉴》

二、粮食最低收购价格变化情况

（一）水稻最低收购价格

水稻最低收购价政策实施期间,水稻最低收购价格整体呈波动中稳步增长态势。具体来看：2004 年至 2007 年,每 50 公斤早籼稻、中晚籼稻和粳稻最低收购价格均没有发生变化。此后,为刺激水稻生产,保障农户收益,政府自 2008 年开始不断提高水稻最低收购价格。2007 年至 2014 年,水稻最低收购价格不断提高,每 50 公斤早籼稻、中晚籼稻和粳稻的最低收购价格分别增至 135 元、138 元和 155 元,分别增加 92.86％、91.67％和 106.67％。水稻最低收购价格的不断提升带来政府财政压力过大,农户对最低收购价格过度依赖等不利影响,粮食市场"政策市"特征明显。2015 年,政府并没有继续提高水稻最低收购价格,三种品种水稻最低收购价格与上年持平。2016 年,早籼稻最低收购价格存在小幅下降,每 50 公斤下调 2 元。2017 年,三种品种水稻最低收购价格出现不同幅度下调现象,水稻最低收购价格打破了连续多年的稳步增长态势,同时也向市场释放出粮食最低收购价格并非能够持续增长的信号,粮食市场"政策市"特征向"市场市"特征转变。近年来,受粮食生产成本不断增长的影响,水稻最低收购价格有所上涨,每 50 公斤早籼稻、中晚籼稻和粳稻的最低收购价格分别调整至 126 元、129 元和 131 元。

（二）小麦最低收购价格

小麦最低收购价政策最早在 2006 年出台,政策实施期间,小麦与水稻最低收购价格变化趋势相对一致,整体亦呈波动中稳步增长态势。具体来看:2008年开始,每50公斤白小麦、红小麦和混合麦价格开始上涨,分别从2008年的75元、70元和70元上涨至2014年的118元、118元和118元,分别增加57.33%、68.57%和68.57%。2015年以来,小麦最低收购价格不再持续增长,呈现出先下降后上涨的波动状态,2023年每50公斤小麦最低收购价格与2015年左右的小麦最低收购价格基本持平。

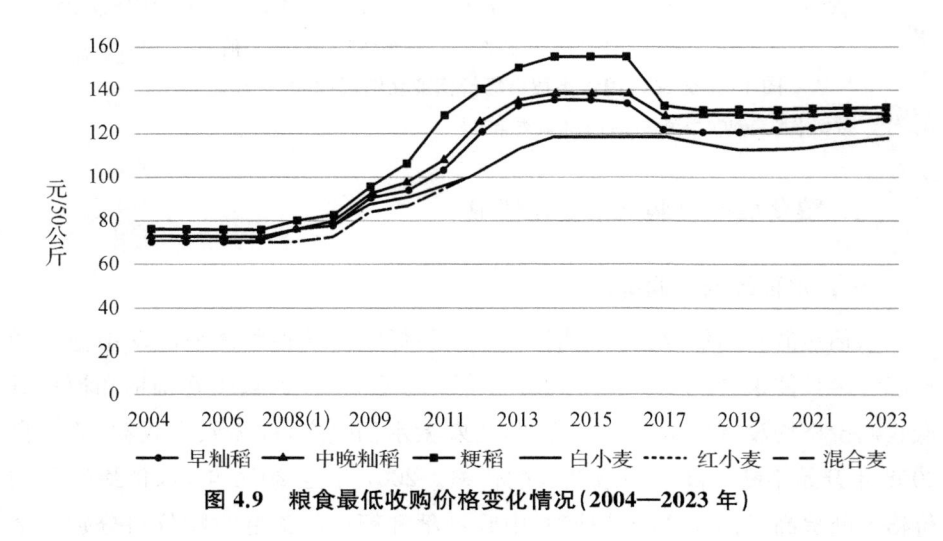

图4.9 粮食最低收购价格变化情况(2004—2023年)

第四节 本章小结

本章主要从我国粮食产量在世界粮食市场中的地位、我国粮食生产以及粮食价格变化情况等三个方面出发,重点分析了粮食最低收购价政策背景下我国粮食市场的基本特征,以期为后面实证探讨粮食最低收购价政策实施效果提供现实基础。

从我国在世界粮食市场中的地位来看,我国粮食总产量在世界主要粮食生产国中常年位居第一位,粮食总产量增长率年际之间变化不大,粮食总产量整体呈小幅波动且稳步增长态势。可以看到,我国粮食连年丰产增产现象的出现与中央政府取消农业税、实施粮食最低收购价政策、直接补贴政策等农业支持政策是密不可分的,这不仅为保障国内粮食安全提供了坚实的基础,更对世界粮食安全作出了重要贡献。

结合我国粮食生产现状可以看到,我国粮食总产量的提升依赖于粮食单产水平的提高和粮食播种面积的增加,但在粮食播种面积增幅有限的背景下,长期来看,粮食总产量的提升主要依赖于粮食单产水平的提高,尤其是主产区粮食单产水平的提高。主要原因在于,粮食主产区播种面积占全国粮食播种面积的比重呈上涨态势,主产区粮食产量占比也越来越高,未来粮食主产区保障全国粮食安全的责任会越来越重,相应地,主产区粮食单产水平提升也面临巨大的压力。

进一步,对比我国粮食市场价格和最低收购价格变化情况可以发现,无论是粮食批发市场还是集贸市场,粮食市场价格均呈波动上涨态势,尤其在粮食最低收购价政策实施初始阶段,粮食市场价格增速相对较大,近年来粮食价格增速放缓,粮食价格存在小幅波动,这与粮食最低收购价格变化趋势相对一致,表明我国粮食最低收购价格的高低对粮食市场价格的变化存在一定的影响与引导。

第五章 粮食最低收购价政策对粮食价格的影响：以小麦为例

粮价为百价之基，粮食价格稳定对社会稳定和国家粮食安全至关重要。1995年至1998年，国内粮食持续丰收，粮食市场供给增加导致价格下跌，农户生产积极性受到抑制，2003年的粮食产量倒退至接近1991年的产量水平，粮食生产形势严峻。为提高粮食产量，避免重蹈"谷贱伤农"的老路，2004年开始，政府陆续出台粮食最低收购价政策和临时收储政策。随着政策的持续实施，国内粮食价格不断上涨，但在国际粮食价格不断下降的背景下，国内外粮食价格倒挂现象明显，粮食市场出现产量增加、仓储增加、进口增加的乱象。对此，本章以小麦品种为例，在对我国小麦价格波动情况分析的基础上，实证分析粮食最低收购价政策对国内粮食市场价格的影响，从而对我国粮食最低收购价政策的托市效应进行客观评价。

第一节 我国小麦价格的基本特征

总体而言，2008年至2022年，国内小麦价格整体呈波动上涨趋势，国际小麦价格波动幅度比国内小麦价格波动幅度较高，2013年至2020年间，国内小麦价格远高于国际小麦价格，粮食价差明显。具体来看：

观察国内小麦价格变化趋势可以看到，2008年至2013年间，国内小麦市场价格呈稳定中快速增长态势，小麦最低收购价格也持续上涨，一定程度上表明小麦最低收购价政策的实施对于稳定和提高国内小麦市场价格起到了重要的支撑作用。2013年至2021年间，国内小麦价格增速放缓，但远高于国际小麦价格，国际国内小麦价格差呈缩小态势。结合小麦最低收购价格变化情况来看，2014年至2017年间，小麦最低收购价格保持平稳；2017年至2020年间，小麦最低收购价格小幅下降。可以看到，国内国际小麦市场价格差的变化趋势与小麦最低收购价格的变化趋势具有密切相关性,进一步表明小麦最低收购价格对于国内小麦市场价格以及与国际国内小麦市场价格的差值具有一定的关联性,这也为我们后面分析粮食最低收购价政策对粮食市场价格的影响提供了一定的现实基础。

观察国际小麦价格变化趋势可以看到,国际小麦价格在经历2008年前后的剧烈波动后,在2019年和2010年上半年有所回落。2008年前后国际小麦市场价格波动异常的主要原因在于,一是欧盟、美国等发达经济体生物燃料政策促使对生物燃料及粮食等原料作物需求迅速增加,再加上国际原油价格上涨进一步刺激了生物能源的替代效应,粮食需求急速扩大,粮食价格相应上涨;二是全球粮食库存处于低位也导致粮食价格上涨;三是粮食出口限制措施增加了国际粮食市场的不确定性(钟钰等,2021)。2008年爆发的国际金融危机终结了粮食价格一路上涨的趋势,粮食价格有所回落(钟甫宁,2009)。2010年下半年开始,粮食价格又大幅上升,直至2012年以后才有所下降,此后粮食价格又经历数次小幅的波动。2021年左右,国际小麦价格上涨明显,主要原因在于新冠肺炎疫情的爆发导致多个国家和地区进入紧急状态或实施入境管制,多个国家和地区码头关闭、海航停运、粮食出口限制等因素叠加导致粮食价格上涨且波动异常。

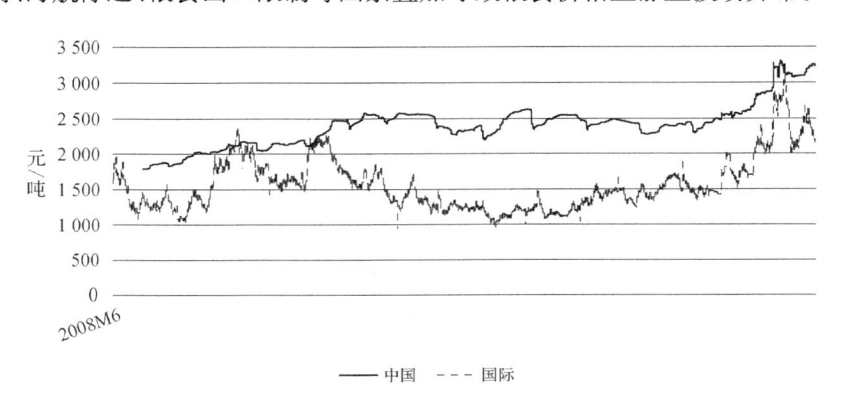

图 5.1 国内外小麦价格变化情况(2008—2022年)

数据来源:国内外小麦价格数据来源于 wind 数据库。

第二节 理论基础

粮食价格的决定问题实际上是均衡价格的确定问题。在没有任何干预的情形下,产品供给和需求共同决定市场均衡价格,这里的均衡价格就是指一种商品的市场供给曲线和需求曲线相交时的价格,也是这种商品的需求价格和供给价格相一致的价格。根据图5.2(或图5.3),产品市场供给曲线为 S,斜率为正,表示某种产品的市场价格与供给数量之间呈同向变动关系;产品市场需求曲线为 D,斜率为负,表示某种产品的市场价格与需求数量之间呈反向变动关系,产品市场均衡价格为 P^e,均衡数量为 Q^e。

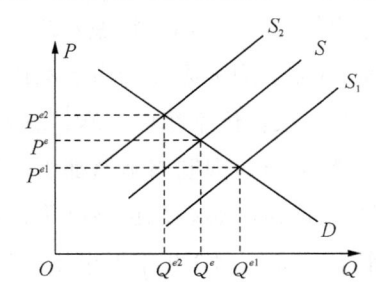

图 5.2　供给变动后的均衡价格与数量　　图 5.3　需求变动后的均衡价格与数量

　　市场均衡实际上是一种理想的状态,在均衡价格和均衡数量处,消费者和生产者均实现了自身利益的最大化。但在现实的市场环境下,影响产品供给和需求的因素是不断变动的,均衡价格和均衡数量就会发生偏离。具体情形可以概括为以下三种:

　　第一种是生产成本和技术等因素发生变化导致产品供给变动的情形。从图 5.2 可以看到,当产品市场供给增多时,产品供给曲线从 S 右移至 S_1,产品市场均衡数量增多,均衡价格随之下降;当产品市场供给减少时,产品供给曲线从 S 左移至 S_2,产品市场均衡数量减少,均衡价格相应提高。

　　第二种是消费者收入或者需求变化导致需求曲线偏移的情形。从图 5.3 可以看到,当产品市场需求增多时,产品需求曲线从 D 右移至 D_1,产品市场均衡数量增多,均衡价格随之上涨;当产品市场需求减少时,产品需求曲线从 D 左移至 D_2,产品市场均衡数量下降,均衡价格出现下降。

　　第三种是产品供给和需求同时发生变化的情形。在这种情形下,产品市场均衡价格和均衡数量的变化情况应结合实际情况具体分析,但总的来讲,市场供给增加(或者需求下降)的结果是均衡价格下降,市场供给减少(或者需求增加)的结果是均衡价格上涨,市场最终呈现的均衡价格主要根据市场供给(或者需求)净增加量或者净减少量来具体判断。

没有政府干预的市场中,粮食市场价格反映供求关系,且随市场供求关系不断变化。当粮食市场供需数量存在较大差异时,粮食价格会出现大幅波动,不利于社会稳定。粮食最低收购价政策实施过程中,政府通过改变粮食市场供给量影响粮食价格进而稳定市场。当然,这里的价格稳定并不是政府要全面消除粮食市场价格波动,而是要降低粮食市场价格出现极端情况的可能性,使粮食价格置于一个合理的区间内,防止粮食价格出现暴涨暴跌的乱象,从而维护社会稳定。因此,粮食价格变化情况是粮食总产量、需求量、成本、价格预期和最低收购价政策等多种因素共同作用的结果。具体来看:

(1)总产量与消费量变化。当粮食产量增加或者消费量下降时,市场呈供求盈余状态,粮食价格下降,尤其在新粮上市期间,粮食价格下降明显。反之,当粮食产量下降或者消费增加时,市场呈供求紧平衡状态,粮食价格自然上涨。粮食总产量和消费量与粮食价格密切相关。

(2)生产成本变化。2003年以来,生物质燃料价格和国际石油价格均大幅上涨,劳动力成本和农业生产资料价格全面上涨。随着农业生产成本的快速上涨,全球包括我国在内的粮食价格显著提高。

(3)农户预期价格变化。通常来讲,农户预期价格会影响农户的生产和销售行为。当农户本期市场价格预期较高时,会产生"惜售"心理,粮食市场存在"存粮看涨"现象,大量农户惜售导致粮食市场供应量下降,粮食价格随之增长;当农户对下一期市场价格预期较高时,农户会增加粮食播种面积,粮食产量增加导致价格下降。

(4)政策因素变化。观察粮食最低收购价格变化趋势可以发现,粮食最低收购价政策实施过程中,2007—2014年,小麦最低收购价格不断上涨,政策启动十分频繁,最低收购价政策高频启动使粮食"政策市"特征明显,粮食最低收购价政策实施对粮食价格存在影响。

第三节　研究设计

一、模型设定

从我国粮食价格变化趋势可以发现,粮食市场价格变化趋势与粮食最低收购价政策实施时间存在密切相关性。为进一步分析粮食最低收购价政策与国内粮食市场价格之间的关系，本部分以小麦品种为例，通过构建面板数据模型，实证分析粮食最低收购价政策对国内粮食市场价格和价格波动率的影响。

面板数据模型的一般形式如下：

$$Y_{it} = \alpha_i + \beta_1 X_{it} + \mu_{it} \tag{5.1}$$

(5.1)式中，Y 为被解释变量，X 包括核心解释变量与相关控制变量，i 表示省份变量，t 表示年份变量，μ_{it} 为个体效应。

基于前面的理论基础，粮食市场价格主要由粮食总产量和需求量决定，粮食生产成本等因素对粮食价格也存在重要影响，本部分将粮食总产量、消费量、生产成本、粮食最低收购价政策等因素同时纳入分析框架，粮食市场价格和市场价格波动率面板数据模型具体形式分别为(5.2)式和(5.3)式。

$$\ln P_{it} = \alpha_i + \beta_1 Poli_{it} + \beta_2 \ln S_{it} + \beta_3 \ln D_{it} + \beta_4 \ln C_{it} + \beta_5 \ln Agri_{it} + \mu_{it} \tag{5.2}$$

$$\ln P'_{it} = \alpha'_i + \beta'_1 Poli'_{it} + \beta'_2 \ln S'_{it} + \beta'_3 \ln D'_{it} + \beta'_4 \ln C'_{it} + \beta'_5 \ln Agri'_{it} + \mu'_{it} \tag{5.3}$$

(5.2)式中，P 表示小麦出售价格，$Poli$ 为核心解释变量，表示粮食最低收购价政策实施情况，S 表示小麦总产量，D 表示小麦消费量，C 表示小麦生产成本，$Agri$ 表示农业总产值，i 表示省份变量，t 表示年份变量，μ_{it} 表示个体效应。

(5.3)式中，P' 表示小麦出售价格波动率，$Poli'$ 为核心解释变量，表示粮食最低收购价政策实施情况，S' 表示小麦总产量波动率，D' 表示小麦消费量波动率，C' 表示小麦生产成本波动率，$Agri'$ 表示农业总产值波动率，i 表示省份变量，t 表示年份变量，μ'_{it} 表示个体效应。

二、数据来源与变量说明

（一）数据来源

考虑到样本数据的可获性等因素，本书选取 1998—2021 年为样本数据时间，选择 6 个小麦最低收购价政策实施省份和 9 个非政策实施省份样本数据进行实证分析。小麦最低收购价政策实施省份包括河北、江苏、安徽、山东、河南和湖北,非政策实施省份包括山西、内蒙古、黑龙江、四川、云南、陕西、甘肃、宁夏和新疆。模型中涉及的相关变量主要来源于不同年鉴数据,其中,小麦价格数据和成本数据来源于《全国农产品成本收益资料汇编》,各省人口数据来源于《中国统计年鉴》,小麦总产量和农业产值数据来源于《中国农村统计年鉴》。

(二) 变量说明与描述性分析

本部分实证模型的被解释变量包括小麦平均出售价格和出售价格波动率两个方面,核心解释变量为小麦最低收购价政策变量,控制变量包括小麦总产量、年末总人口、小麦生产成本、上一年小麦出售价格和农业总产值以及各变量相应的波动率。其中,小麦生产成本主要包括三大类,分别是化肥成本、劳动成本和土地成本。各变量定义及描述性统计分析结果详见表5.1。可以看到,小麦价格标准差为0.18,不同省份小麦价格差异不大。小麦总产量均值为5.97,标准差为1.21,最小值和最大值分别为2.93和8.24,说明各省小麦总产量之间存在较大差异。小麦化肥成本、土地成本和劳动成本标准差分别为0.34、0.54和0.63,各省之间化肥成本差异较小,劳动成本差异较大。农业总产值指标标准差为0.84,数值相对较高,说明不同省份农业产值存在一定的差异性。

表5.1 变量描述性统计结果

变量名称	变量说明	均值	标准差	最小值	最大值	峰度	偏度
小麦价格	小麦出售价格对数值	4.26	0.18	3.63	4.72	2.79	−0.40
小麦总产量	小麦总产量对数值	5.97	1.21	2.93	8.24	2.30	−0.07
年末总人口	年末总人口对数值	8.36	0.70	6.29	9.23	3.56	−0.87
小麦化肥成本	小麦化肥成本对数值	4.17	0.34	3.11	6.86	11.94	0.77
小麦土地成本	小麦土地成本对数值	4.10	0.54	2.52	5.11	2.76	−0.10
小麦劳动成本	小麦劳动成本对数值	4.79	0.63	2.29	5.97	4.67	−0.86
农业总产值	农业总产值对数值	6.60	0.84	3.80	7.92	3.96	−0.93
小麦价格波动率	小麦价格波动对数值	1.42	1.34	−4.61	3.84	6.59	−1.35
小麦总产量波动率	小麦总产量波动对数值	1.62	1.35	−3.91	4.74	4.35	−0.79
年末总人口波动率	年末总人口波动对数值	0.33	1.43	−4.61	3.02	3.50	−0.58
小麦化肥成本波动率	小麦化肥成本波动对数值	1.72	1.33	−2.81	7.72	4.78	−0.23
小麦土地成本波动率	小麦土地成本波动对数值	1.76	1.41	−4.61	5.16	6.16	−1.12
小麦劳动成本波动率	小麦劳动成本波动对数值	1.84	1.29	−2.66	4.19	4.27	−1.05

续　表

变量名称	变量说明	均值	标准差	最小值	最大值	峰度	偏度
农业总产值波动率	农业总产值波动对数值	1.58	1.07	−2.53	3.85	3.84	−0.75
最低收购价政策	某省份某年实施最低收购价政策	0.27	0.44	0	1	2.48	1.22

第四节　粮食最低收购价政策影响粮食价格的实证结果分析

一、粮食最低收购价政策对市场价格的影响

研究粮食最低收购价政策对粮食市场价格的影响时,由于解释变量包含了被解释变量的滞后一期,本部分选择动态面板数据模型进行实证分析。考虑到样本时间为24年,样本省份为15个省份,属于长面板,动态面板偏差较小,可以通过矫正偏差的方法得到一致估计。因此,本部分使用偏差矫正LSDV法(Biased-corrected LSDV,简记为LSDVC)实证分析最低收购价政策对小麦市场价格的影响,实证结果详见表5.2。

表5.2　最低收购价政策影响小麦市场价格的实证结果

	系数	Z 值
最低收购价政策	0.043 1**	2.21
上一年小麦出售价格	0.524 8***	11.14
小麦总产量	−0.028 5	−1.28
年末总人口	−0.148 8	−1.22
化肥成本	0.187 8***	5.79
土地成本	0.037 6*	1.83
劳动成本	−0.014 5	−0.75
地区农业产值	0.126 4***	4.72

注:*、**和***分别表示在10%、5%和1%的显著性水平上显著。

根据表5.2,可以看到,小麦最低收购价政策变量的系数为正,通过了5%的显著性检验,表明最低收购价政策对小麦市场价格存在显著的正向影响,政策实

施能够显著提高小麦市场价格。结合我国小麦市场价格变化情况来看,2007年至2014年,政府不断提高小麦最低收购价格,白小麦、红小麦和混合麦最低收购价格分别上涨了63.89%、71.01%和71.01%,平均每年增长率为7.31%、7.97%和7.97%。2007年,我国小麦平均出售价格为75.58元/50公斤;2014年,小麦平均出售价格为120.59元/50公斤,增长了59.55%,年均增长率为6.90%。显然,2007年以来国内粮食价格不断上涨的市场特征与政府不断提高最低收购价格是密切相关的,粮食最低收购价格的逐年增长一定程度助推了国内粮食市场价格的上涨。

控制变量方面,上一年小麦平均出售价格变量系数为0.524 8,通过了1%的显著性检验,上一年小麦平均出售价格对本期小麦价格存在显著的正向影响。一般来讲,农户本期粮食生产决策会受到上期粮食价格的影响,当上期粮食出售价格较高时,农户会相应地增加本期粮食生产,本期粮食价格相应降低。模型中该变量系数显著为正,可能的原因是本期粮食产量增加导致粮食市场价格下降,政府启动粮食最低收购价政策从市场上收购粮食,市场供给量下降导致粮食价格上涨,相应地,小麦平均出售价格也会随之提高。小麦总产量和年末总人口指标均未通过显著性检验,小麦总产量和消费量对小麦平均出售价格的影响并不显著。某种程度上,粮食最低收购价政策的实施减弱了粮食的"市场市"特征。小麦化肥成本和土地成本变量系数为正,劳动成本变量未通过显著性检验,相对于小麦总产量和需求量因素,小麦生产成本是小麦价格增长的重要推动力。地区农业产值变量系数为正,在1%的显著性水平下通过了检验,地区农业产值对小麦价格提高具有显著促进作用。

二、粮食最低收购价政策对市场价格波动率的影响

前面已经实证分析了最低收购价政策对小麦市场价格的影响,接下来,本部分进一步探究最低收购价政策实施对我国小麦市场价格波动率的影响。根据豪斯曼检验结果,本部分采用固定效应模型建模,表5.3给出了相关实证结果。

表5.3 最低收购价政策影响小麦市场价格波动率的实证结果

	系数	T值
最低收购价政策	−0.735 1***	−2.64

续 表

	系数	T 值
小麦总产量波动率	0.115 0*	1.78
年末总人口波动率	−0.080 4	−1.33
小麦化肥成本波动率	0.153 0**	2.49
小麦土地成本波动率	−0.032 9	−0.59
小麦劳动成本波动率	0.075 2	1.20
地区农业产值波动率	0.182 7**	2.45
常数项	0.789 2***	3.25
F 统计量	5.68***	13.57

注：*、**和***分别表示在10%、5%和1%的显著性水平上显著。

根据表5.3可以看到，粮食最低收购价政策变量系数为负数，通过了1%的显著性检验，表明最低收购价政策对小麦市场价格波动率存在显著的负向影响。观察国内外粮食价格变动情况可以发现，国际粮食价格出现大幅波动时，我国粮食市场依旧保持平稳状态，政策实施能够显著降低粮食市场价格波动性，对国内粮食市场稳定起到了重要的促进作用。但从国内外粮食市场关联性来看，粮食最低收购价政策实施一定程度上降低了国内外粮食市场关联性，国内粮食市场竞争力下降。长期来看，政府通过实施最低收购价政策等托市政策稳定粮食市场的行为无法从根本上解决粮食市场稳定问题，政府部门应当积极探索粮食"市场市"运行机制，运用期货等手段，充分发挥市场机制的调节作用，使市场价格真正实现在合理价格区间内有效波动，而不是政府将其置于合理价格区间内。

控制变量方面，小麦总产量波动率指标系数为正，通过了10%的显著性检验，小麦总产量波动对于小麦价格波动存在正向影响。一般来讲，受到地理和气候环境等客观因素的影响，我国粮食种植结构调整空间相对较小，除非部分年份重大自然灾害导致粮食大面积减产，粮食市场每年总产量波动性不大。因此，小麦市场总产量波动性对小麦价格波动性的影响较弱。年末总人口波动率变量没有通过显著性检验。小麦生产成本波动率变量中，化肥成本波动率变量通过了5%的显著性检验，化肥成本变化情况对小麦价格波动影响较大。地区农业产值波动率变量为正数，通过了5%的显著性检验，地区农业产值出现较大波动能够显著增加小麦市场价格波动性。

第五节 本章小结

本章在对国内外小麦价格变化情况进行描述性分析的基础上，基于小麦省级面板数据，采用偏差矫正 LSDV 法和固定效应模型分别实证分析了最低收购价政策对小麦市场价格和价格波动率的影响，主要得到以下结论：

对于小麦品种来讲，2006 年以来，国内小麦价格平稳上涨，国外小麦价格呈波动下降趋势，国内外小麦价格差不断增加。国际粮食价格大幅波动期间，国家连续多年提高粮食最低收购价格，最低收购价政策有效稳定了国内粮食价格，但也导致国内粮食价格远高于国际价格，国内外粮食价格倒挂现象显著。2015 年之后，受到粮食最低收购价格调整等因素的影响，国内粮食价格下降，国际粮食价格持续下降背景下国内外粮食价差缩小。

粮食最低收购价政策不仅具有托市作用，政策实施显著提高了粮食市场价格，还能够稳定市场，降低粮食市场价格波动率。具体来看：粮食价格模型中，粮食最低收购价政策指标系数为正，通过了 5% 的显著性检验，最低收购价政策对小麦市场价格存在显著的正向影响，政策实施能够显著提高小麦市场价格。粮食价格波动率模型中，粮食最低收购价政策指标系数为负，通过了 1% 的显著性检验，最低收购价政策实施能够显著降低小麦市场价格波动性，有助于稳定国内粮食市场。

根据上述研究结论可以得到以下启示：一是粮食最低收购价政策具有托市作用，政府通过实施粮食最低收购价政策实现了市场稳定目标，这为本书接下来分析政策产量目标和收益目标提供了现实基础；二是粮食最低收购价政策虽然稳定了粮食市场，但也使国内外粮食市场关联性降低，长期来看，政府通过托市政策逆向调节市场的手段无法彻底解决市场稳定问题，政府部门应当积极探索粮食"市场市"运行机制，使市场价格真正实现在合理价格区间内有效波动，而不是政府将其置于合理价格区间内。

第六章 粮食最低收购价政策对粮食产量的影响：以小麦为例

2004年以来，我国粮食产量出现十二连增，粮食连年丰产使得我国在世界粮食市场占据重要位置，不仅为保障我国粮食安全提供了坚实的现实基础，也为世界粮食安全作出了重要贡献。我国粮食最低收购价政策的基本目标之一是提高粮食产量，满足居民口粮需求，实现社会稳定。本章以小麦品种为例，在对粮食最低收购价政策实施背景下我国小麦生产的基本特征进行描述的基础上，采用双重差分模型，实证检验粮食最低收购价政策对粮食产量的影响，从而从产量层面对我国粮食最低收购价政策实施效果进行评价。

第一节 我国小麦生产的基本特征

一、小麦总产量变化情况

（一）全国小麦产量 V 型特征明显，产量增速放缓

1998年至2021年，我国小麦总产量呈先下降后缓慢增长态势，V 型特征显著，小麦总产量增速从负值变为正值，但增速放缓。根据图 6.1 全国小麦总产量变化情况，1998 年至 2003 年，我国小麦总产量波动下降，从 1998 年的 10 973 万吨降至 2003 年的 8 649 万吨，减产量约 2 324 万吨，减产 21.18%；2004 年以来，小麦总产量呈波动上涨态势，从 2003 年的 8 649 万吨增长至 2021 年的 13 694 万吨，增产量约 5 045 万吨，增长率为 58.33%，年均增长率为 2.59%。2003 年至 2017 年，全国小麦总产量呈连续增长状态，小麦连年丰产的实现不仅依赖于农业生产技术水平的提升，小麦最低收购价政策的出台对于稳定以及提高小麦总产量也做出了重要贡献。结合全国小麦总产量增速可以看到,2006年小麦最低收购价政策出台当年小麦总产量增速高达11.31%。2006年之后,全国小麦总产量增速从3%左右波动降至1%左右波动,其中,2018年小麦总产量增速为－2.09%,粮食总产量小幅下降。长期来看,我国小麦总产量持续增长面临巨大压力。

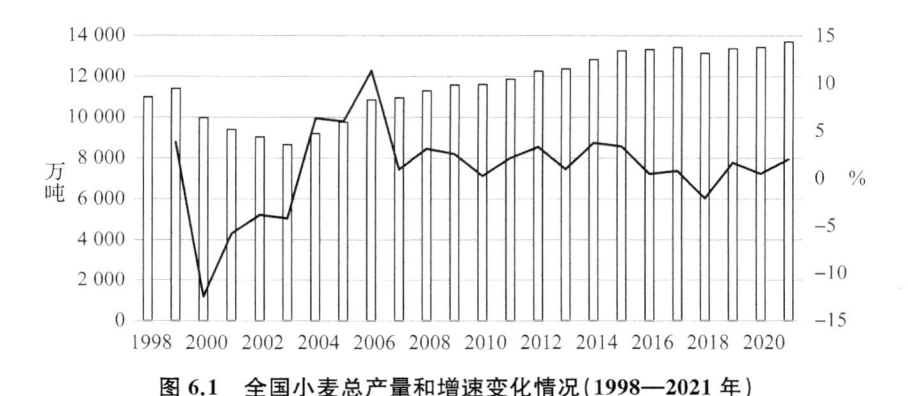

图6.1 全国小麦总产量和增速变化情况(1998—2021年)

数据来源:历年《中国农村统计年鉴》和《全国农产品成本收益资料汇编》

(二) 主产省小麦产量呈V型,非主产省小麦产量呈L型

1998—2021年,我国主产省和非主产省小麦总产量均呈先下降后缓慢增长态势,主产省小麦总产量整体呈V型特征,非主产省小麦总产量呈L型特征。具体来看,2003年之前,主产省小麦总产量从1998年的7 120万吨降至2003年的6 293万吨,下降了11.62%;非主产省小麦总产量从1998年的3 108万吨降至2003年的2 013万吨,下降了35.23%。2004年至2021年,主产省小麦总产量呈波动上涨趋势,从2003年的6 293万吨增至2021年的11 350万吨,增加5 057万吨,增加80.36%,年均增长率约3.33%;非主产省小麦总产量变化相对较小,从2003年的2 013万吨增至2021年的2 097万吨,增加不到100万吨,增产幅度相对较小。

结合主产省和非主产省小麦总产量全国占比数据可以发现,1998—2021年,主产省小麦总产量全国占比呈波动上涨态势,相应地,非主产省小麦总产量呈波动下降态势。具体来看,主产省小麦总产量全国占比从1998年的64.88%波动上涨至2021年的82.88%,增加了18.00%;非主产省小麦总产量全国占比从28.33%降至15.31%。可以看到,主产省小麦生产在全国小麦生产中的地位越来越重要,对保障全国小麦供给作出了重要贡献,这也构成了小麦最低收购价政策等粮食支持政策对主产省粮食种植支持的现实基础。

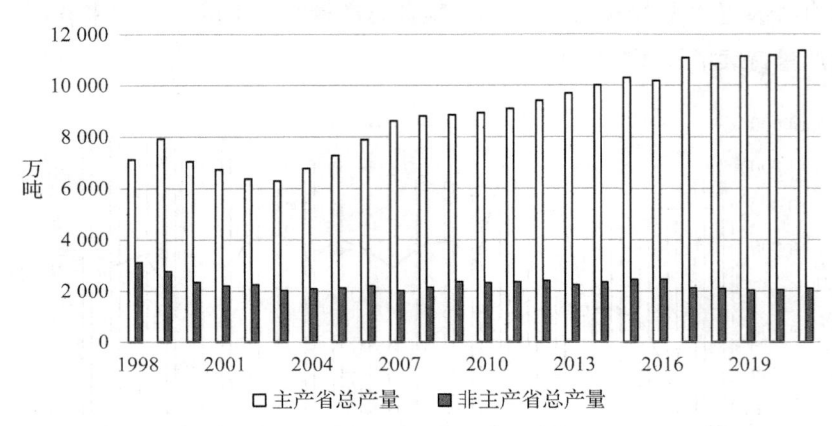

图6.2 主产省和非主产省小麦总产量变化情况(1998—2021年)

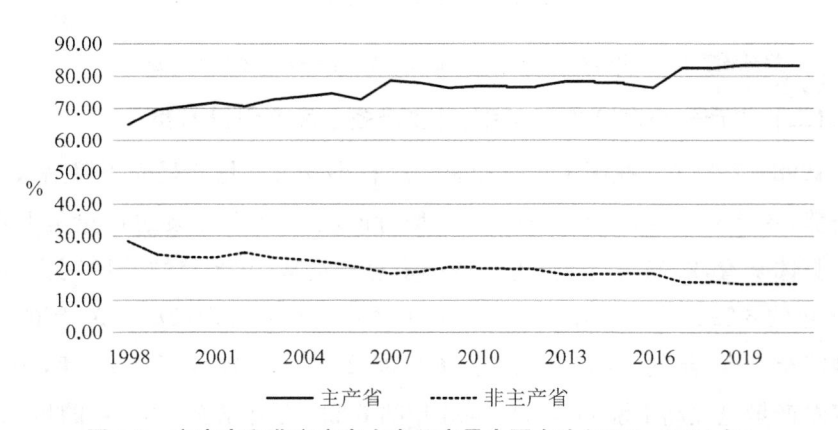

图6.3 主产省和非主产省小麦总产量全国占比(1998—2021年)

二、小麦播种面积变化情况

(一) 全国小麦播种面积呈 L 型特征,近年播种面积稍有下降

1998—2021年,全国小麦播种面积呈先下降后缓慢波动增长态势。近年来小麦播种面积有所下降,小麦播种面积约占全国粮食总播种面积的20%左右。具体来看,1998—2004年,政府放松了对国内粮食生产的管理与控制,粮食保

护价一直处于较低水平,"保护价不保护"现象明显,农户种粮积极性受挫。相应地,全国小麦播种面积连年下降,从1998年的29 774千公顷降至2004年的21 626千公顷,播种面积减少8 148千公顷,下降了27.37%,减少了近三成。2004年以来,全国小麦播种面积呈波动缓慢上涨态势,但近年来播种面积稍有下降。2004—2016年,全国小麦播种面积从21 626千公顷增至24 666千公顷,增加3 040千公顷,增长了14.06%,年均增长率约1.10%。2016年以来,除2021年之外,全国小麦播种面积增长率连年为负,从2016年的24 666千公顷降至2021年的23 567千公顷,下降了约1 000千公顷。全国小麦播种面积的下降虽然并未导致小麦总产量显著下降,其原因主要在于近年来小麦单产水平的提升,这也在一定程度上表明长期来看粮食总产量的提升依赖于粮食单产水平的提高。

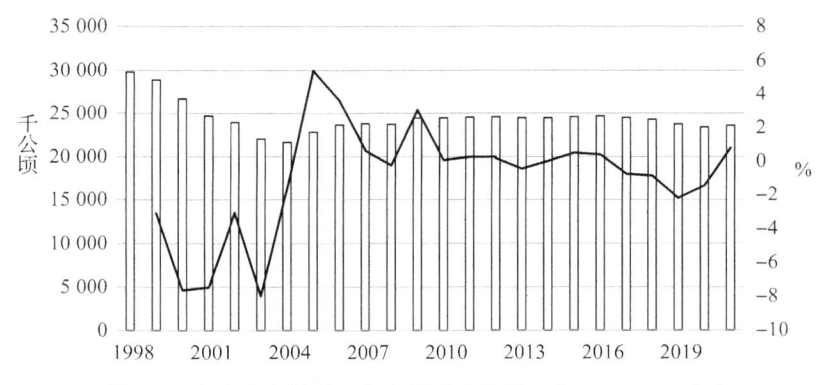

图6.4 全国小麦播种面积和增速变化情况(1998—2021年)

(二) 主产省小麦播种面积呈V型特征,非主产省播种面积波动下降

1998—2021年,我国主产省小麦播种面积整体呈V型特征,非主产省小麦播种面积呈波动下降态势。具体来看,1998—2004年,由于政府放松了对国内粮食生产的管理与控制,无论是主产省还是非主产省,小麦播种面积均显著下降。2005年开始,国家取消农业税并向农民发放种粮直接补贴,再加上良种补贴、小麦最低收购价政策等粮食支持政策出台背景下,主产省小麦播种面积呈波动上涨趋势,从2005年的15 127千公顷分别波动增长至2021年的18 187千公顷,增加了20.23%;非主产省小麦播种面积呈波动下降趋势,近年来减幅较高,从2005年的6 450千公顷降至2021年的4 789千公顷,下降了

25.75%。

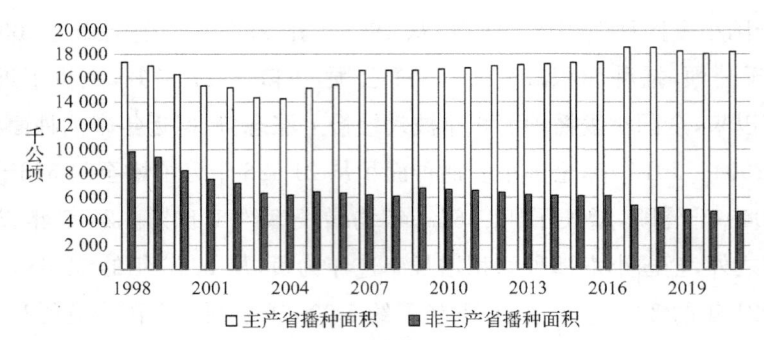

图 6.5 主产省和非主产省小麦播种面积变化情况（1998—2021 年）

结合主产省和非主产省小麦播种面积全国占比变化趋势发现，1998 至 2021 年，主产省小麦播种面积全国占比呈波动上涨态势，相应地，非主产省小麦播种面积波动下降。具体来看，主产省小麦播种面积全国占比从 58.21% 增至 77.17%，增加了 18.96%；非主产省小麦播种面积全国占比从 32.94% 降至 20.32%，下降了 12.62%。从播种面积全国占比的指标也可以看到，主产省在保障国家粮食安全中的地位与责任不断增强。

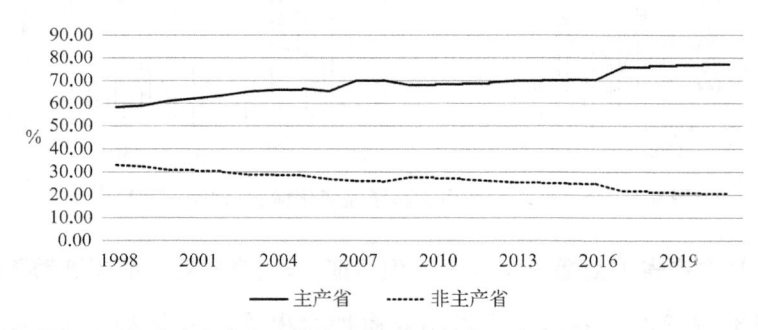

图 6.6 主产省和非主产省小麦播种面积全国占比（1998—2021 年）

进一步地，观察小麦主产省播种面积变化率可以发现，2008 年之前，不同小麦主产省播种面积变化率差异较大，尤其在 2007 年，除河北省小麦播种面积略微下降外，其他省小麦播种面积均大幅增长，湖北省小麦播种面积增长率高达 37.92%，江苏和安徽小麦播种面积增长率分别为 17.53% 和 10.09%，河南和山东小麦播种面积增长率在 4% 至 5% 之间，高于其他年份小麦播种面积变化率。自 2008 年开始，不同小麦主产省份播种面积增长率变化不大，维持在

0%左右。结合小麦播种面积变化趋势和小麦最低收购价政策实施时间来看，小麦播种面积增长趋势逐渐放缓，表明小麦最低收购价政策增产效应主要集中在政策实施初期，随着小麦最低收购价政策的持续实施，政策增产效应逐渐减弱甚至消失。小麦主产省份播种面积增长率变化趋势见图6.7。

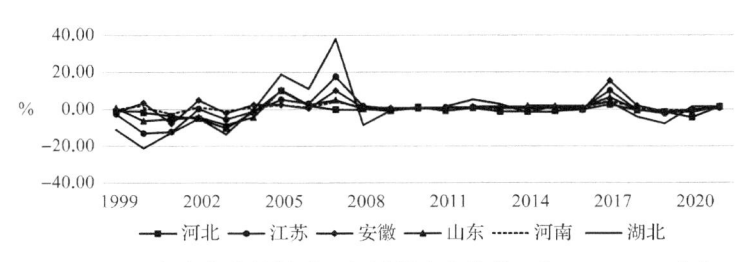

图6.7 小麦主产省份播种面积增长率变化情况（1999—2021年）

三、小麦单产变化情况

（一）全国小麦单产呈波动上涨趋势，近年增速波动较大

1998—2021年，我国小麦单产整体呈波动上涨趋势。1998—2004年，小麦单产量变化不大，但这段时期小麦播种面积不断下降，导致小麦总产量下降明显。2004—2021年，小麦单产增长迅速，从每亩339.8公斤增至463.39公斤，增长率为36.37%，年均增长1.84%。结合小麦播种面积可以发现，2004年以来，小麦播种面积变化不大，总产量增长48.93%，小麦总产量的不断增长主要依赖于小麦单产水平的提高。从小麦单产增长率波动情况可以看到，2014年以来，我国小麦单产波动较大，部分年份小麦单产波动率甚至超过20%。长期来看，小麦播种面积增长空间有限的背景下，小麦总产量持续增长主要依赖于单产水平的提升。

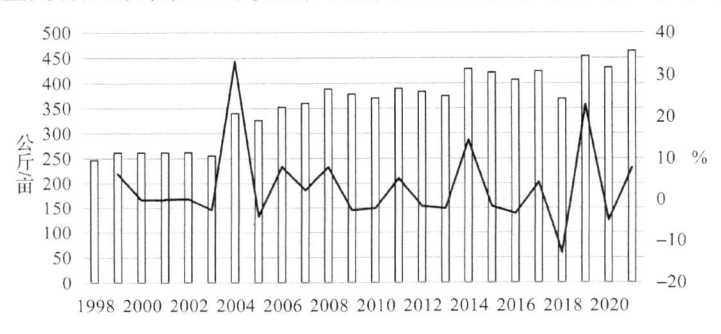

图6.8 全国小麦单产变化情况（1998—2021年）

（二）主产省小麦单产波动上涨，非主产省小麦单产增长缓慢

1998—2021 年，主产省小麦单产呈波动上涨态势，非主产省小麦单产增长相对缓慢，主产省小麦单产水平远高于非主产省小麦单产水平。具体来看，1998—2003 年，主产省小麦单产增长缓慢，2003 年以来，主产省小麦单产增长明显，从 2003 年的每亩 278.37 公斤增至 2021 年的每亩 462.61 公斤，年均增长率为 2.86％。非主产省小麦单产整体呈缓慢增长态势，对比相同时间段主产省和非主产省小麦单产增长率可以发现，2003—2021 年，非主产省每亩小麦单产从 255.52 公斤增至 363.99 公斤，年均增长率为 1.99％，比主产省小麦单产增长率低了近 1 个百分点。

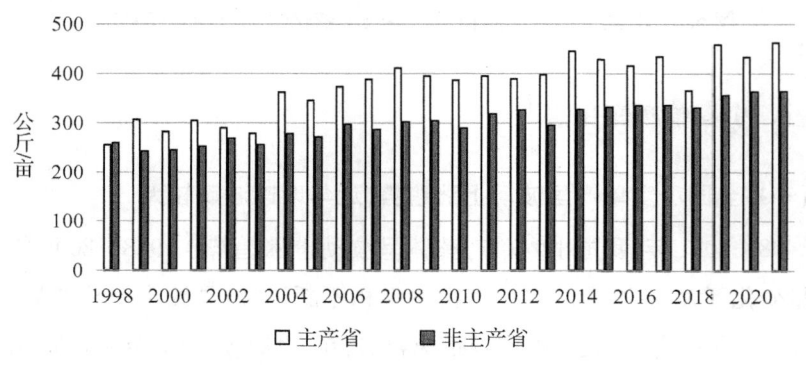

图 6.9　主产省和非主产省小麦单产变化情况（1998—2021 年）

总的来讲，2004 年以来，我国小麦总产量实现"十二连增"，最低收购价政策实施当年，全国小麦总产量超过 1 000 万吨，小麦总产量增加数量远超其他年份，政策增产效应明显。粮食单产和播种面积共同影响粮食总产量。结合小麦单产、播种面积和最低收购价政策实施时间来看，相较于单产指标，最低收购价政策与小麦播种面积之间的联系更为密切，换句话说，最低收购价政策可能通过影响小麦播种面积最终影响小麦总产量。对于粮食单产指标来讲，粮食单产水平与化肥、农药、技术、气候、政策等多种因素相关。农业生产早期，化肥和农药等生产要素投入的增加对于提高粮食单产水平具有重要促进作用，然而，化肥等生产要素投入数量不断增长，导致耕地质量不断下降、地下水污染等负外部性不断显现，生态环境受到严重损耗，粮食单产增加效应呈边际递减现象。因此，考虑到小麦播种面积增加的不可持续性，小麦总产量的增加可能更多依赖于小麦单产的提高。

第二节　研究设计

一、研究方法

（一）双重差分法

双重差分法（Difference-in-Difference，简称"DID"）来源于计量经济学中的综列数据模型，是政策分析和工程评估中广为使用的一种计量方法。与其他模型相比，DID方法的优势主要包括三个方面：一是可以很大程度避免政策作为解释变量存在的内生性问题；二是传统方法主要是通过设置一个政策发生与否的虚拟变量来评估政策效应，DID模型的设置更具科学性，对政策效应的评估结果更加准确；三是DID方法的原理和模型设置比较简单，相对容易理解与运用。

DID方法的基本思路为：首先，将研究样本划分为"实验组"和"对照组"两组，前者是政策或工程作用对象，后者是非政策或工程作用对象。其次，以实验组和对照组在政策或工程实施前后的相关信息为基础，分别计算出实验组和对照组在政策或工程实施前后某个指标的变化量。最后，通过计算上述两个变化量的差值得到该项政策或者工程对实验组的净效应。

不包含控制变量的DID模型一般形式为：

$$Y_{it} = \beta_0 + \beta_1 did_{it} + \beta_2 poli_{it} + \beta_3 time_{it} + \varepsilon_{it} \tag{6.1}$$

（6.1）式中，β_1反映了政策实施效果，β_2表示控制各政策实施地区的地区固定效应，β_3表示控制政策实施时间的时间固定效应。

对于未实施政策的地区，当$poli_{it}=0$时，政策实施前后被解释变量表示为：

$$Y_{it} = \begin{cases} \beta_0; & time_{it}=0 \text{ 政策实施前} \\ \beta_0+\beta_3; & time_{it}=1 \text{ 政策实施后} \end{cases} \tag{6.2}$$

可以看出，政策实施前后，对照组被解释变量变化值为β_3。

同理，对于实施政策的地区，当$poli_{it}=1$时，政策实施前后被解释变量可以表示为：

$$Y_{it} = \begin{cases} \beta_0 + \beta_2; & time_{it} = 0 \text{ 政策实施前} \\ \beta_0 + \beta_1 + \beta_2 + \beta_3; & time_{it} = 1 \text{ 政策实施后} \end{cases} \quad (6.3)$$

可以看出,政策实施前后,对照组被解释变量变动值为 β_3,实验组被解释变量变动为 $\beta_1 + \beta_3$,政策实施的"净效应"为 β_1,即交互项 did_{it} 的系数值。当 $\beta_1 > 0$ 时,表示政策实施存在正向效应,反之为负向效应。

值得一提的是,DID 模型的使用需要满足三个假设:一是实验组政策或者工程实施不会对对照组的相关研究变量产生任何影响;二是实验组和对照组在政策实施期间受到相同宏观环境(除政策实施以外的因素)的影响;三是实验组和对照组的某些重要特征分布较为稳定,不随时间变化而发生变化(叶芳等,2013)。

(二) 倾向得分匹配-双重差分法

DID 方法能够很好地估计某项政策或工程的实施效应,但该方法存在某些难以满足的前提假设条件,如随机选择实验组,实验组和对照组存在共同的趋势等。此外,DID 方法虽然对省份和时间效应的控制可以控制部分内生性问题,但不能控制由"选择偏差"导致的内生性问题。采用 DID 方法评估政策效应时,各地区是否实施政策可能并不是完全随机决定的,会受到人为因素的干扰,这种情况将会导致解释变量与残差之间产生内在关联性,从而导致内生性问题。

相较于 DID 方法,倾向得分匹配-双重差分法(Propensity Score Matching Difference-in-Difference,简称"PSM-DID")首先通过是否是政策实施地区的虚拟变量对控制变量进行 Logit 回归,得到倾向得分匹配值。倾向得分匹配值最接近的地区即为政策实施地区的配对地区,通过这种方法可以很大程度上减少不同地区在政策效应指标方面存在的系统性差异,从而减少双重差分模型估计偏误。

在进行 PSM-DID 模型估计之前,需要进行模型有效性检验,如果实验组和对照组协变量的均值在匹配后不存在显著性差异,则支持使用 PSM-DID 方法(石大千等,2018)。具体步骤如下:首先,根据实验组与对照组估计倾向得分,采用 Logit 模型进行回归,检验实验组的选择是否具有随机性;其次,计算政策实施地区以及与其匹配的全部政策未实施地区被解释变量在政策实施前后的变化;最后,将实施政策地区前后的变化减去匹配后未实施政策地区前后的变化,得到政策平均处理效应,估计政策实施效应。

二、模型设定

本章主要分析小麦最低收购价政策对小麦产量的影响,满足 DID 方法的适用条件。具体来看:首先,小麦最低收购价政策仅在小麦主产省份实施,并且不允许进行跨省收购,一定程度避免了政策实施省份与非政策实施省份之间的溢出效应;其次,小麦最低收购价政策实施期间,对于小麦主产省份的农户来讲,政策实施可以被认定为外生事件,因此能够进行无偏估计;再次,小麦主产省份同时实施最低收购价政策,政策实施一方面使得同一省份粮食政策实施前后存在显著差异,另一方面也使得同一时间内政策实施省份与非政策实施省份之间存在差异。显然,采用 DID 方法估计既能够有效控制相同时期内其他政策的影响,也可以控制政策实施省份与非政策实施省份的事前差异,从而能够有效估计出实际的政策实施效果(贾娟琪,2017)。

根据 DID 模型基本思路,首先设置两个虚拟变量:一是政策实施省份虚拟变量,样本数据为小麦最低收购价政策实施省份,变量定义为 1,否则定义为 0;二是政策实施时间虚拟变量,对于小麦最低收购价政策实施当年以及之后的年份,变量定义为 1,对于政策实施之前的年份,变量定义为 0。其次,设置政策实施省份和政策实施时间的交互项来衡量小麦最低收购价政策的产量效应,当政策实施省份和政策实施时间变量同时为 1 时,交互项变量取值为 1,表示某省份在某年实施小麦最低收购价政策,其他情况下交互项变量取值为 0,基本模型构建如下:

$$Y_{it} = \beta_0 + \beta_1 did_{it} + \beta_2 conv_{it} + \beta_3 year_{it} + \gamma_j Z_{jit} + \varepsilon_{it} \qquad (6.4)$$

(6.4)式中,i 和 t 分别表示第 i 个省份和第 t 年。Y_{it} 为被解释变量,did_{it} 为粮食最低收购价政策实施的产量效应,若小麦最低收购价政策实施具有正向促进作用,则指标系数为正值,否则为负值。β_2 控制省份固定效应,β_3 控制时间固定效应,Z_{jit} 为其他控制变量。ε_{it} 为随机扰动项。

三、数据来源、变量说明与描述性分析

(一) 数据来源

为了考察粮食最低收购价政策对粮食产量的影响,结合数据可获性等因

素,本章样本数据选择1998—2021年15个小麦生产省份面板数据,其中,小麦最低收购价政策实施省份包括河北、江苏、安徽、山东、河南和湖北6个省份,非政策实施省份包括山西、内蒙古、黑龙江、四川、云南、陕西、甘肃、宁夏和新疆9个省份,政策实施省份为实验组,非政策实施省份为对照组。样本数据来源于历年《中国统计年鉴》《中国农村统计年鉴》《全国农产品成本收益资料汇编》和《中国人口统计年鉴》。

(二) 变量说明与描述性分析

1. 被解释变量

已有研究对小麦产量的关注主要集中于小麦总产量数量本身,实际上,结合我国小麦生产变化情况可以看到,小麦播种面积对总产量提升具有重要促进作用。为了全面考察小麦最低收购价政策增产情况,本章模型被解释变量主要包括小麦总产量和播种面积两个指标。为消除异方差性问题,相关变量值均进行了对数化处理。根据表6.1变量描述性统计结果,小麦总产量和小麦播种面积指标标准差分别为1.21和0.98,相较于小麦播种面积变量,不同省份不同年份小麦总产量存在的差异较大。

表6.1 变量取值及描述性统计结果

变量名称	变量说明	均值	标准差	最小值	最大值	峰度	偏度
小麦总产量	小麦总产量对数值	5.97	1.21	2.93	8.24	2.43	−0.17
小麦播种面积	小麦播种面积对数值	6.94	0.98	3.89	8.66	3.13	−0.48
上一年小麦播种面积	上一年小麦播种面积对数值	6.96	0.95	3.89	8.66	3.11	−0.46
最低收购价政策	某省份某年实施小麦最低收购价政策	0.27	0.44	0	1	2.11	1.06
小麦化肥投入	化肥施用量*(小麦播种面积/农作物播种面积)的对数值	3.43	1.19	−0.31	5.61	2.78	−0.38
小麦有效灌溉面积	农作物有效灌溉面积*(小麦播种面积/农作物播种面积)的对数值	5.97	1.08	3.00	7.66	2.26	−0.28
小麦机械动力	农业机械总动力*(小麦播种面积/农作物播种面积)的对数值	6.17	1.23	3.10	8.43	2.31	0.06

续 表

变量名称	变量说明	均值	标准差	最小值	最大值	峰度	偏度
上一年小麦平均出售价格	上一年每吨小麦平均出售价格对数值	7.25	0.18	6.63	7.72	3.14	−0.47
地区农业产值	农业总产值对数值	6.60	0.84	3.80	7.92	3.95	−0.96
农村居民受教育程度	居民各级文化程度占比*该级受教育年限的加权平均数①	7.57	0.70	5.74	9.69	3.42	0.05
农村居民非农收入	农村居民工资收入对数值	7.15	0.89	4.44	9.01	2.65	−0.40

2. 核心解释变量

为了分析粮食最低收购价政策的产量目标实现情况,本章核心解释变量为小麦最低收购价政策实施省份和实施年份的交互项,某个年份某省实施粮食最低收购价政策,该变量赋值为1,否则为0。

3. 控制变量

考虑到除了粮食最低收购价政策因素外,农村地区小麦生产还受到其他因素的影响,本部分还在模型中控制了小麦化肥投入量、有效灌溉面积、机械总动力、上一年平均出售价格、地区农业发展水平、农村居民受教育程度和非农收入等变量的影响。从表6.1可以看出,小麦化肥投入、有效灌溉面积和机械动力变量标准差均大于1,说明各省小麦化肥投入和土地灌溉等生产情况在不同年份之间存在较大的差异性。上一年小麦平均出售价格标准差为0.18,最小值与最大值分别是6.63和7.72,差值较小,说明不同省份不同年份小麦平均售价差别不大。地区农业产值、农村居民受教育程度和非农收入变量标准差在0.70~0.90之间,各省农业经济发展水平和农村居民受教育程度存在一定的差异性。

第三节 粮食最低收购价政策影响小麦产量的实证结果分析

一、基准模型回归结果

在进行实证结果分析之前,本部分首先进行平行趋势检验。双重差分模型

---

① 各级受教育年限取值为:未上过学=1,小学毕业=6,初中毕业=9,普通高中毕业=12,大专及以上=16。

的平行趋势假设意味着尽管实验组和对照组的变化趋势存在一定的差异性,但在政策实施之前,如果实验组与对照组存在相同的变化趋势,即两者能够保持相对稳定的差异性,表明对照组的选择具有一定的合理性。根据图 6.10 与 6.11 中 1998—2005 年政策实施区与非政策实施区小麦总产量和播种面积的变化趋势,我们可以基本判定,在小麦最低收购价政策实施之前,政策实施区与非政策实施区小麦总产量和播种面积具有相对一致的变化趋势,基本判定可以利用 DID 模型进行接下来的实证分析。

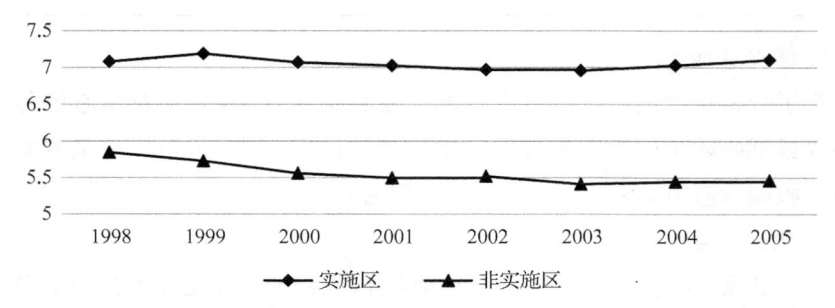

图 6.10 政策实施区与非实施区小麦总产量变化趋势(1998—2005 年)

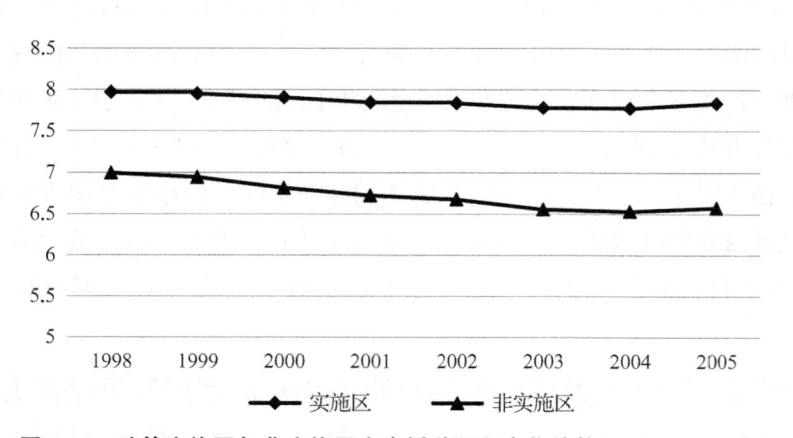

图 6.11 政策实施区与非实施区小麦播种面积变化趋势(1998—2005 年)

接下来,本部分实证检验了最低收购价政策对小麦总产量的影响。表 6.2 模型(1)(2)(4)和(5)给出了相关实证结果,其中,(1)和(4)为不加入控制变量的模型,(2)和(5)为加入控制变量的模型。可以看出,无论是否加入控制变量,最低收购价政策变量均通过了 1% 的显著性检验,表明最低收购价政策对小麦总产量和播种面积均存在显著的正向促进作用,政府实施粮食最低收购价政策能够显著提高粮食产量和增加粮食播种面积。

进一步地,本部分还重点探讨了最低收购价政策对小麦总产量和播种面积的影响在时间上的变化趋势,实证结果见表 6.2 模型(3)和(6)。具体分析如下:

表 6.2 最低收购价政策影响小麦生产的实证结果

	总产量			播种面积		
	(1)	(2)	(3)	(4)	(5)	(6)
最低收购价政策	0.596 0***	0.191 0***	—	0.479 3***	0.066 6***	—
	(3.46)	(5.22)	—	(3.48)	(3.60)	—
政策实施第 1 年(2006)	—	—	0.159 1**	—	—	0.065 1**
	—	—	(2.14)	—	—	(2.29)
政策实施第 2—4 年(2007—2009)	—	—	0.144 3***	—	—	0.057 3**
	—	—	(2.84)	—	—	(2.23)
政策实施 5—7 年(2010—2012)	—	—	0.163 9***	—	—	0.048 8**
	—	—	(3.57)	—	—	(2.49)
政策实施第 8—10 年(2013—2015)	—	—	0.218 8***	—	—	0.052 0**
	—	—	(5.41)	—	—	(2.59)
政策实施第 11—13 年(2016—2018)	—	—	0.223 9***	—	—	0.093 3***
	—	—	(4.89)	—	—	(4.46)
政策实施第 14—16 年(2019—2021)	—	—	0.212 6***	—	—	0.092 5**
	—	—	(4.32)	—	—	(4.21)
小麦上一年播种面积	—	—	—	—	0.627 2***	0.620 4***
	—	—	—	—	(14.36)	(13.84)
小麦化肥投入	—	0.215 1***	0.221 1***	—	0.197 9***	0.205 8***
	—	(7.75)	(7.55)	—	(6.80)	(6.75)
小麦有效灌溉面积	—	0.545 2***	0.537 1***	—	0.036 5**	0.029 8*
	—	(17.99)	(16.24)	—	(2.08)	(1.69)
小麦机械化动力	—	0.272 5***	0.273 9***	—	0.100 5***	0.103 7***
	—	(11.67)	(12.06)	—	(5.86)	(5.95)
上一年小麦平均出售价格	—	−0.357 2***	−0.377 4***	—	−0.060 3	−0.053 2
	—	(−4.89)	(−4.67)	—	(−1.38)	(−1.10)

续 表

	总产量			播种面积		
地区农业产值	—	0.122 1***	0.120 7***	—	0.031 7**	0.033 4**
	—	(7.78)	(7.53)	—	(2.72)	(2.84)
农村居民受教育程度	—	0.066 3***	0.066 8***	—	0.001 7	0.001 1
	—	(4.85)	(4.77)	—	(0.24)	(0.15)
非农收入	—	−0.036 7**	−0.073 7**	—	−0.056 4***	−0.063 0***
	—	(−2.00)	(−2.29)	—	(−5.54)	(−5.39)
常数项	5.376 8***	1.939 4***	2.170 7***	6.596 5***	1.722 4***	1.749 6***
	(68.74)	(4.11)	(4.06)	(98.40)	(4.35)	(3.98)
时间固定效应	控制	控制	控制	控制	控制	控制
省份固定效应	控制	控制	控制	控制	控制	控制

注：*、**和***分别表示在10%、5%和1%的显著性水平上显著。

1. 小麦总产量

根据模型(3)回归结果，不同时间段小麦最低收购价政策变量均通过了5%的显著性检验，表明最低收购价政策能够显著提高小麦总产量。观察各变量系数值可以发现，最低收购价政策变量系数值呈先下降后上升再下降的趋势。在小麦最低收购价政策实施初期，政策增产效应明显，由于小麦最低收购价格水平较低且没有根据市场行情产生相应变化，尤其在国际金融危机爆发期间，国内粮食生产成本大幅上涨，政府先后两次提高小麦最低收购价格，小麦总产量增速下降。随着政策的持续实施，为稀释不断上涨的生产成本，保障农民收益，政府连续多年提高小麦最低收购价格，政策实施对提高小麦总产量起到了促进作用。

近年来，最低收购价政策对小麦总产量的促进作用呈下降趋势，主要原因在于，我国最低收购价政策已经实施多年，国内外粮食市场环境逐渐发生变化，政府继续提高最低收购价格不仅无法稀释高企的粮食生产成本，还会面临巨额财政负担。在此背景下，政府开始调整最低收购价格，并在2018年和2019年连续下调小麦最低收购价格，由于农户已经对高频启动的政策产生了较强的依赖性，因此最低收购价格下调会对农户粮食生产存在一定的影响，政策增产效应减弱。

2. 小麦播种面积

根据模型(6)回归结果，不同时间段小麦最低收购价政策变量均通过了

5%的显著性检验,表明政策实施始终对小麦播种面积存在显著的正向影响。观察各变量系数值,2016年至2021年,最低收购价政策变量系数值相对高于其他时间段政策变量系数值,表明近年来最低收购价政策的实施对于小麦主产省小麦播种面积提升具有显著促进作用,这与前面分析的主产省小麦播种面积的现实变化情况是相一致的。

粮食播种面积和单产共同影响总产量,本部分将结合小麦总产量模型和播种面积模型重点分析最低收购价格调整以来的政策增产目标实现情况。从总产量模型可以看到,最低收购价政策能够显著提高小麦总产量,2007年至2009年政策变量系数较低,2010年至2018年政策变量系数值不断上涨,2019年至2021年政策变量系数有所下降,政策增产效应开始减弱;从播种面积模型可以看到,最低收购价政策能够显著增加小麦播种面积,2007年至2015年政策变量系数变化不大,2016年至2018年政策变量系数增加明显,2019年至2021年政策变量系数与前期基本持平。可以看到,小麦产量变化的主要原因并不是播种面积。从我国小麦实际生产情况来看,2018年之前主产省小麦增产较快,但播种面积增幅有限,并未出现大幅波动现象;2019年至2021年,主产省小麦播种面积与前期基本持平,但小麦总产量增速放缓。总的来讲,我国主产省小麦总产量并没有因播种面积持续增加而保持快速增长势头,也没有因播种面积增速放缓而降低其增速,主产省小麦总产量更多地受到单产水平的影响。考虑到主产省小麦播种面积的增加并不具有可持续性,长期来看,粮食最低收购价政策通过增加粮食播种面积以提高粮食总产量的效应不具有可持续性,政策增产效应减弱背景下,粮食总产量的提高将依赖于粮食单产水平的提高。

3. 控制变量

化肥投入、机械总动力和有效灌溉面积变量通过了5%的显著性检验,表明增加化肥、机械总动力和有效灌溉面积投入量均对小麦播种面积和总产量存在正向促进作用。上一年小麦平均出售价格变量对小麦总产量和播种面积均存在负向影响,可能原因在于,政策实施期间,小麦最低收购价普遍高于市场价格,最低收购价格某种程度上取代市场价格发挥资源配置作用,虽然上一年市场价格较低,本期最低收购价政策支持下,农户并不会减少粮食播种面积和本期市场供给量。地区农业产值变量通过了5%的显著性检验,地区农业产值对小麦播种面积和产量均存在显著的正向影响,可能原因是,地区农业发展水平越高,粮食作物播种面积和产量水平也较高。农村居民受教育程度变量对小麦总产量存在显著正向影响。非农收入变量对小麦总产量和播种面积存在负向影响,两者均通过了5%的显著性检验,可能的原因是,农村青壮年人口不断向城市转移过程中,农业生产老龄化、女性化特征明显,粮食生产更多是满足家庭消费,非农收入水平越高,非农收益占比越高,农户从事农业生产的积极性越低,对粮食播种面积和产量存在负向作用。

二、稳健性检验结果

为克服粮食最低收购价政策实施省份与非政策实施省份的变动趋势存在系统性差异,同时降低 DID 方法的估计偏误,接下来,采用 PSM-DID 方法对最低收购价政策对小麦总产量和播种面积的影响进行稳健性检验。

首先进行模型有效性检验。表 6.3 展示了倾向得分匹配前后小麦最低收购价政策实施省份和非政策实施省份的特征差异情况,各特征变量为 DID 模型选取的控制变量。可以看出,无论是小麦总产量样本组,还是小麦播种面积样本组,在倾向得分匹配之前,t 检验结果均表明,各特征变量在政策实施省份和非政策实施省份之间存在系统性差异,在倾向得分匹配之后,各特征变量均接受了政策实施省份与非政策实施省份之间无系统差异的原假设,并且 t 值呈现出不同程度的下降,表明 PSM-DID 方法是合理的。

表 6.3 倾向得分匹配前后处理组与对照组差异结果

	倾向得分匹配前		倾向得分匹配后	
	(1)总产量	(2)播种面积	(3)总产量	(4)播种面积
上一年小麦播种面积	—	1.181 4***	—	−0.013 9
	—	(12.44)	—	(−0.12)
化肥投入	1.623 5***	1.623 5***	0.006 7	−0.123 0
	(14.30)	(14.30)	(0.05)	(−1.08)
有效灌溉面积	1.420 8***	1.420 8***	0.071 1	−0.057 2
	(13.48)	(13.48)	(0.42)	(−0.38)
机械动力	1.835 9***	1.835 9***	0.147 5	−0.102 6
	(16.56)	(16.56)	(0.83)	(−0.61)

续 表

	倾向得分匹配前		倾向得分匹配后	
	（1）总产量	（2）播种面积	（3）总产量	（4）播种面积
小麦平均出售价格	0.066 7***	0.066 7***	−0.017 0	−0.024 7
	(3.09)	(3.09)	(−0.77)	(−0.77)
农业生产总值	1.040 3***	1.040 3***	0.066 3	0.002 3
	(12.37)	(12.37)	(0.04)	(0.04)
农村居民受教育程度	0.331 1***	0.331 1***	−0.092 7	0.095 6
	(4.05)	(4.05)	(0.94)	(0.94)
非农收入	1.131 9***	1.131 9***	−0.087 5	0.197 9**
	(12.83)	(12.83)	(−0.75)	(2.09)

注：1. 系数值为小最低收购价政策实施省份与未实施省份同一变量均值差值，括号内为 t 值；
　　2. *、**和*** 分别表示在10%、5%和1%的显著性水平上显著。

接下来，基于倾向得分匹配后的数据采用 DID 模型进行回归，实证回归结果见表6.4。根据稳健性检验结果，基于 PSM-DID 方法的稳健性检验结果与基于 DID 方法的基准回归结果指标系数符号保持一致，部分指标未通过显著性检验。具体来看：无论模型中是否加入控制变量，小麦最低收购价政策对小麦总产量和播种面积的影响未发生较大变化，不同年份小麦最低收购价政策变量系数也没有发生较大变化，但部分指标显著性水平发生变化。整体来看，小麦最低收购价政策对小麦总产量和播种面积均存在正向影响，随着最低收购价政策的持续实施，政策增产效应逐渐下降，基准模型结果存在较好的稳健性。

表6.4 最低收购价政策影响小麦生产的稳健性检验结果

	总产量		总产量		播种面积		播种面积	
	系数	T值	系数	T值	系数	T值	系数	T值
最低收购价政策	0.1176**	2.42	—	—	0.0812***	3.26	—	—
政策实施第1年(2006)	—	—	0.1762**	2.03	—	—	0.0865*	1.85
政策实施第2—4年(2007—2009)	—	—	0.1532**	2.28	—	—	0.0761**	2.30
政策实施第5—7年(2010—2012)	—	—	0.1581**	2.01	—	—	0.0816*	1.92
政策实施第8—10年(2013—2015)	—	—	0.0969	0.92	—	—	0.0670	1.48
政策实施第11—13年(2016—2018)	—	—	0.0337	0.32	—	—	0.0868*	1.91
政策实施第14—16年(2019—2021)	—	—	−0.0378	−0.36	—	—	0.0987**	2.13
上一年小麦播种面积	—	—	—	—	0.6082***	20.98	0.6074***	20.73
化肥投入	0.2111***	6.24	0.2079***	6.10	0.2057***	9.58	0.2072***	9.46
小麦有效灌溉面积	0.5484***	15.29	0.5510***	15.28	0.0175	0.94	0.0164	0.87
小麦机械化动力	0.2587***	8.01	0.2561***	7.89	0.1283***	6.51	0.1284***	6.44
上一年小麦平均出售价格	−0.4098***	−5.19	−0.4181***	−5.18	−0.0466	−1.08	−0.0436	−0.98
地区农业产值	0.1177***	7.09	0.1196***	7.17	0.0408***	4.20	0.0410***	4.18
农村居民受教育程度	0.0697***	4.69	0.0724***	4.84	0.0022	0.28	0.0020	0.25
非农收入	−0.0407*	−1.87	−0.0339*	−1.54	−0.0729***	−6.11	−0.0738***	−6.00
常数项	2.4040***	4.36	2.4003***	4.26	1.7304***	5.12	1.7209***	4.93
时间固定效应	控制		控制		控制		控制	
省份固定效应	控制		控制		控制		控制	

注：*、**和***分别表示在10%、5%和1%的显著性水平上显著。

第四节　本章小结

本章在对我国粮食小麦生产基本特征分析的基础上,基于省级面板数据,使用 DID 方法实证检验了最低收购价政策对小麦总产量和播种面积的影响,并采用 PSM-DID 方法进行了稳健性检验,主要得到以下结论:

第一,1998 年以来,我国小麦总产量呈先下降后缓慢增长态势,V 型特征显著,小麦总产量增速从负值变为正值,但增速放缓;主产省小麦总产量整体呈 V 型特征,非主产省小麦总产量呈 L 型特征,主产省小麦总产量全国占比从 64.88% 波动涨至 82.88%。小麦播种面积约占全国粮食总播种面积的 20% 左右,全国小麦播种面积呈先下降后缓慢波动增长态势,近年来小麦播种面积有所下降;主产省小麦播种面积呈 V 型特征,非主产省小麦播种面积波动下降,主产省小麦播种面积全国占比从 58.21% 增至 77.17%。小麦主产省在全国小麦生产中的地位越来越重要,对保障全国小麦供给作出了重要贡献。我国小麦单产整体呈波动上涨趋势,主产省小麦单产呈波动上涨态势,非主产省小麦单产增长相对缓慢,主产省小麦单产水平远高于非主产省小麦单产水平。

第二,最低收购价政策能够显著提升小麦总产量和增加播种面积。总产量模型中,最低收购价政策变量系数值呈先下降后上升再下降的趋势。政策实施初期,政策增产效应明显,最低收购价格水平较低背景下产量增速下降;随着政策的持续实施,政府不断提高最低收购价格显著增加了小麦总产量;近年来,最低收购价政策增产效应减弱。播种面积模型中,不同时间段小麦最低收购价政策变量均通过了 5% 的显著性检验,表明政策实施始终对小麦播种面积存在显著的正向影响。由于粮食播种面积和单产水平共同影响粮食总产量,在政策调整阶段,小麦单产水平发生较大变化,小麦总产量并没有因播种面积持续增加而显著增长,考虑到小麦播种面积增加的不可持续性,长期来看,粮食总产量的增加更多地依赖于单产水平的提高。

根据研究结论可以得到以下启示:一是粮食最低收购价政策的实施确实对我国粮食增产起到了显著促进作用,政策增产目标得以实现,但粮食增产效应呈先增后减的趋势,政府接下来应考虑如何提升粮食单产水平;二是粮食最低收购价格变动水平与政策增产效应密切相关,政府对最低收购价格的调整可能会对粮食产量产生影响。因此,在粮食播种面积不能够持续增长的背景下,政府接下来对粮食最低收购价政策的调整要重视粮食单产水平的变化,避免粮食产量出现大幅波动。

第七章 粮食最低收购价政策对农民收益的影响：以小麦为例

农民增收问题是"三农"问题的重点问题。21世纪初期,我国全面取消农业税,延续了几千年的农业税从此退出历史舞台,广大农民因此受益。此后,我国又相继出台了价格支持政策和直接补贴政策等多项粮食支持政策,对保障农民收益作出了重要贡献。本章以小麦品种为例,在对我国小麦生产成本收益情况分析的基础上,实证检验了粮食最低收购价政策对农民收益的影响,以期从增收目标层面对我国粮食最低收购价政策实施效果进行评价。

第一节 我国小麦生产成本收益的基本特征

一、小麦生产成本变化情况

(一) 小麦主产省每亩总成本波动上涨,近年增速放缓

1998—2021年,小麦主产省每亩生产总成本波动上涨,波动幅度呈大幅波动向小幅波动转变。具体来看,1998—2003年,小麦主产省生产总成本波动下降,安徽、河北、河南、湖北、江苏和山东每亩小麦生产成本分别下降65.26元、11.66元、38.28元、57.28元、22.55元和26.68元,下降了22.15%、3.63%、13.24%、18.35%、7.66%和7.18%。2004—2014年,小麦主产省生产总成本快速上涨。分省份来看,2004年,安徽、河北、河南、湖北、江苏和山东每亩小麦生产成本为310.48元、410.47元、296.04元、293.62元、319.55元和393.08元,2014年,各主产省小麦生产总成本每亩分别增长到803.90元、1 023.66元、1 012.65元、680.76元、881.83元和990.07元,年均增长率高达9.98%、9.57%、13.09%、8.77%、10.68%和9.68%。结合小麦最低收购价格变化趋势来看,2007—2014

年,白小麦从每公斤1.44元上涨至2.36元,上涨了63.89%,红小麦从每公斤1.38元提高到2.36元,提高了71.01%,小麦生产成本从276.96元增加到898.81元,增长了2.25倍,最低收购价格与小麦生产成本变化趋势基本一致。2014年以来,小麦主产省每亩生产总成本增长速度放缓,近年来增速在0%上下波动,意味着我国小麦主产省生产总成本由快速增长阶段向缓慢增长甚至下降阶段迈进。

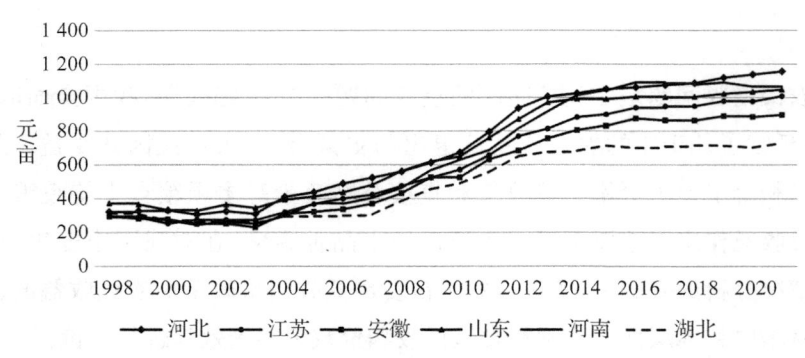

图7.1 小麦主产省每亩生产总成本变化情况(1998—2021年)

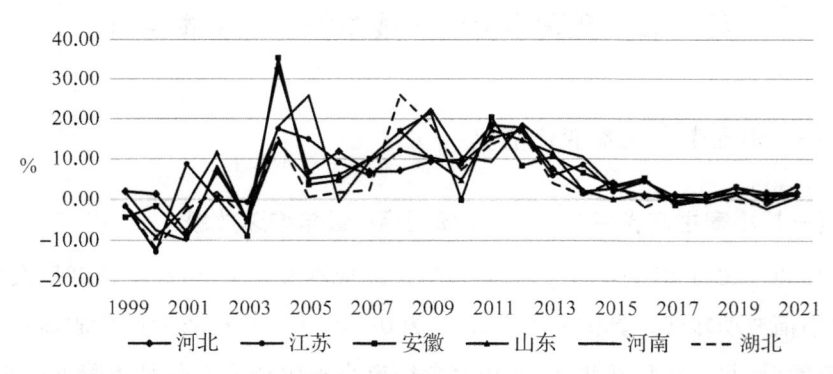

图7.2 小麦主产省每亩生产总成本增速变化情况(1999—2021年)

(二)小麦主产省每亩不同成本占比发生变化,近年增速放缓

1998—2021年,小麦主产省每亩生产总成本中不同成本投入占比位次发生变化,不同成本整体呈波动增长态势,近年增速放缓。具体来看:

从小麦生产成本结构来看,小麦生产总成本主要包括种子、化肥、农药、机械作业、排灌、人工和土地成本等,其中,人工成本投入最高,每年维持在三成左右。尤其在农村老龄化背景下,粮食生产用工难用工贵问题凸显。化肥和

土地成本投入占比位次发生较大变化,化肥投入占比呈下降趋势,从25.16%降至17.03%,土地投入占比上涨明显,从12.98%增至22.96%。相应地,土地投入占比位次排名从1998年的第3名上涨至第2名,化肥投入占比从第2名降至第3名。机械成本占总成本的比重有所提升,近年来基本保持在14%左右,粮食生产机械化进程有待增强。种子成本投入占比变化较小,在7%和8%上下波动。排灌投入和农药投入占比较小,两者之和维持在5%至8%之间。

分成本种类来看,1998—2021年,小麦主产省每亩种子、化肥、农药、机械作业、排灌、人工和土地平均成本分别从24.28元、72.11元、6.17元、31.64元、12.51元、102.15元和37.21元分别增至75.04元、159.80元、34.33元、136.65元、23.82元和293.43元,年均增长率分别为4.93%、3.52%、7.75%、6.57%、2.84%、4.69%和7.93%。分阶段来看,2004年之前,不同生产成本呈波动下降趋势。2004—2013年,不同生产成本均呈大幅增长态势。例如,2009年小麦生产化肥投入增幅高达27.05%,2012年小麦生产人工成本投入增幅高达29.21%,粮食生产要素的高投入带来了粮食产量的大幅增长,尤其是化肥要素的投入,但不同要素成本的快速增长也导致粮食生产成本较高,挤占了农户种植收益。

2014年以来,不同成本增速放缓。以化肥为例,化肥成本增速降至5%以下,部分年份增速为负,主要原因在于单纯依靠增加化肥投入量来提高粮食产量的方式短期内能够迅速提升粮食产量,但存在边际产量递减特征。长期来看,这种以消耗环境为代价的粮食增产方式不具有可持续性。

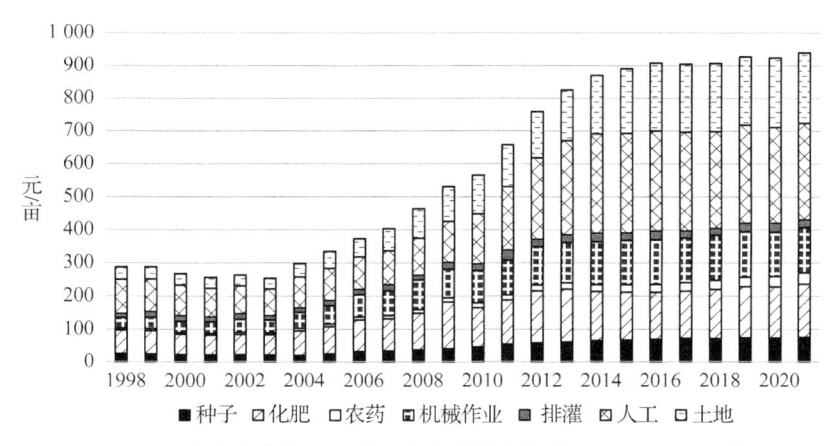

图7.3 小麦主产省每亩生产总成本结构变化情况(1998—2021年)

二、小麦种植收益变化情况

(一) 小麦主产省每亩产值波动上涨,近年波幅较大

1998—2021 年,我国小麦主产省每亩产值整体呈波动上升趋势,但近年来各省每亩产值波动较大。具体来看,1998—2003 年,小麦主产省每亩产值呈下降趋势。1998 年,国内粮食市场供给问题得到有效解决,但连年增长的粮食产量导致国内库存积压严重。在此期间,国家对粮食生产的管理与控制相对放松,粮食播种面积下降,粮食产量和产值均面临严重滑坡,如湖北小麦每亩产值下降幅度高达 30.84%。2004—2014 年,小麦主产省每亩产值增长迅速。在农业税减免和粮食直接补贴政策等惠农政策支持下,农户粮食生产负担得到有效缓解,2004 年小麦产值大幅增长。之后,除部分主产省小麦每亩产值在 2009 年呈微弱下降之外,各小麦主产省总产值整体呈快速增长态势。2015 年以来,小麦主产省每亩产值波动显著。2014 年,国家开始酝酿对最低收购价政策进行改革,并陆续调整了小麦最低收购价格。观察小麦主产省每亩总产值变化情况,2015 年,部分小麦主产省每亩产值下降明显,安徽、河北、河南、湖北、江苏和山东小麦每亩产值由 2014 年的正增长率分别变为 -11.74%、-6.26%、-0.74%、-6.69%、-11.89% 和 -5.57%。2016 年,安徽、河南、湖北和江苏小麦每亩产值继续下降。2017 年,湖北小麦每亩产值持续下降,其他小麦主产省每亩产值不同幅度地增加。近几年,我国小麦最低收购价格有所提升,小麦每亩产值也相应提高。

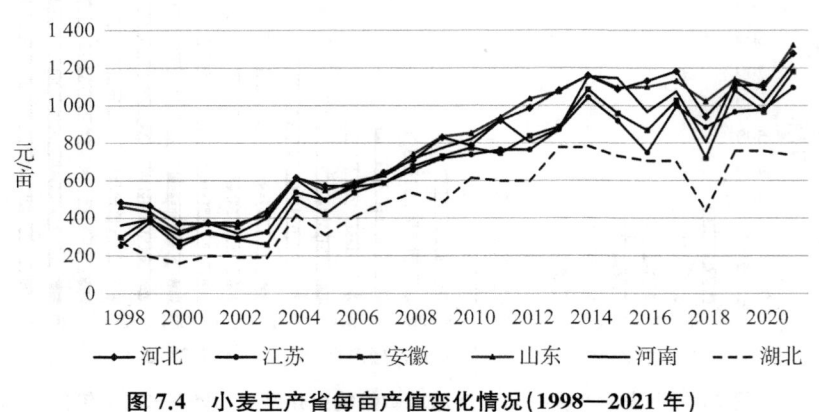

图 7.4 小麦主产省每亩产值变化情况(1998—2021 年)

（二）小麦主产省每亩净收益波动较大，地区之间差异明显

1998—2021 年，小麦主产省每亩净收益年际之间差异较大，具体来看：1998 年至 2004 年，小麦主产省每亩净收益不断波动，部分年份为负值，农户种植小麦存在亏损。以湖北省为例，1998 年至 2003 年，湖北小麦每亩净收益分别为 －40.84 元、－112.60 元、－111.93 元、－65.69 元、－76.89 元和－67.32 元，农户种植小麦一直处于亏损状态，其他省份小麦每亩净收益在部分年份也面临亏损。

2004 年至 2014 年，小麦主产省每亩净收益呈先增长后下降的趋势。2004 年，小麦生产成本相对稳定条件下，小麦每亩产值增加促使每亩净收益显著提升。安徽、河北、河南、湖北、江苏和山东小麦每亩净收益分别为 188.64 元、203.32 元、310.36 元、122.39 元、217.13 元和 224.09 元，增长率分别为 405.06%、94.90%、109.42%、281.80%、305.93%和 133.28%，农民收益显著增长。2004 年以来，各省小麦净收益呈先增长后波动下降趋势，主要原因在于，不同时期内小麦主产省每亩平均产值与生产成本增速之间存在差异。2008 年之后，小麦生产成本增速提高，小麦主产省每亩净收益逐渐下降，部分年份甚至出现种粮亏损现象。2015 年以来，小麦主产省每亩净收益波动幅度较大，近几年部分省份小麦种植净收益为负。2015—2021 年，小麦生产成本增速放缓，但并未出现明显的下降，部分省份每亩产值呈下降现象，农户种植小麦所得收益显著降低。2015 年，安徽等六个小麦主产省份小麦种植净收益每亩分别下降 154.52 元、99.51 元、39.12 元、83.34 元、141.04 元和 64.68 元。2016 年，除河北省外，其他主产省份小麦每亩净收益持续下降，小麦最低收购价政策增收效应递减甚至消失。

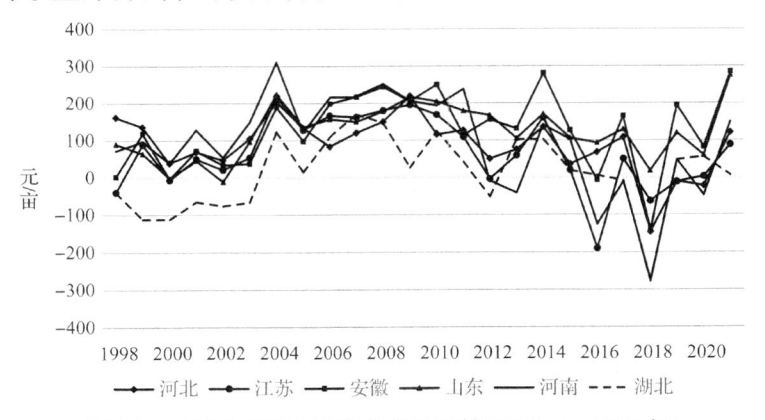

图 7.5　小麦主产省每亩净收益变化情况（1998—2021 年）

第二节　研究设计

一、模型设定

本章重点探讨粮食最低收购价政策对农户收益的影响,依然满足 DID 方法的适用条件,由于第五章已经详细介绍了双重差分法的适用条件等内容,故在此不作过多阐述。结合本章研究内容,模型具体设定如下:

$$Y_{it} = \beta_0 + \beta_1 X_{it} + \gamma_j Z_{jit} + \delta_i + \mu_t + \varepsilon_{it} \tag{7.1}$$

在(7.1)式中,i 和 t 表示第 i 个省份和第 t 年,Y_{it} 表示农户收益水平,X_{it} 为粮食最低收购价政策变量,若小麦最低收购价政策能够有效提高农户的收益水平,则变量系数为正值,否则为负值,Z_{jit} 为其他影响农户种植收益的相关控制变量。δ_i 为省份固定效应,μ_t 为时间固定效应,ε_{it} 为随机扰动项。

二、数据来源、变量说明与描述性分析

(一) 数据来源

本章主要分析粮食最低收购价政策对农户收益的影响,考虑到数据可获性等问题,本章样本数据依旧选择 1998—2021 年 15 个小麦生产省份面板数据,其中,小麦最低收购价政策实施省份与非政策实施省份在第五章已经进行了详细的说明,在此不作过多描述。模型中涉及的相关变量数据来源于历年《中国统计年鉴》《中国农村统计年鉴》《全国农产品成本收益资料汇编》和《中国人口统计年鉴》。

(二) 变量说明

1. 被解释变量

关于农户收益水平的衡量,部分文献选择农村居民可支配收入变量对农户收益水平进行替代(袁辉斌等,2011)。考虑到现阶段农户收入来源渠道越来越多样化,部分农户的非农收入占比甚至超过了农业收入占比,农村居民可支配收入指标涵盖范围越来越广,粮食种植收益则能够真实地反映出农户种粮收益,因此,本章使用农户每亩小麦净收益来表征农户小麦种植收益水平。每亩小麦净收益变量数值越大,意味着农户种植小麦能够获得更多的利润,农

户收益水平越高;反之,农户种植小麦存在亏损。为了避免通货膨胀的影响,本部分采用居民消费价格指数对农户小麦种植净收益变量进行平减,居民消费价格指数基期选择1998年。

2. 核心解释变量

本部分的核心解释变量依旧为粮食最低收购价政策变量,若某省在某年实施了小麦最低收购价政策,则政策变量取值为1,其他情况下政策变量取值为0。全国范围来看,小麦最低收购价政策自2006年出台以来,安徽等六个小麦主产省在小麦上市季节实施托市收购,其他非主产省不实施小麦最低收购价政策。

3. 控制变量

除了小麦最低收购价政策因素外,模型中还对小麦生产成本、有效灌溉面积、单位面积产量和平均出售价格变量进行了控制。考虑到化肥、人工和土地成本占小麦总生产成本的七成左右,本部分的小麦生产成本主要包括化肥成本、人工成本和土地成本三个部分。其中,由于2001年至2003年生产成本不包括土地成本,为了保持数据口径的一致性和可比性,缺失数值主要根据2004年至2006年土地成本占生产成本的比例情况进行赋值。对于生产成本变量和平均出售价格变量,生产成本变量用农业生产资料价格指数进行平减,平均出售价格变量采用居民消费价格指数进行平减,各价格指数基期均设置为1998年。

（三）描述性统计结果分析

表7.1给出了各变量的描述性统计结果。可以看出,小麦每亩净收益变量标准差为1.22,高于其他变量标准差数值,说明不同省份不同年份小麦净收益存在显著差异。控制变量中,化肥成本、劳动成本和土地成本均值分别为4.17、4.79和4.10,标准差分别为0.33、0.63和0.54,在各项生产要素成本投入方面,劳动成本相对最高,化肥成本次之,土地成本最小,并且不同省份不同年份劳动成本差异较大。有效灌溉面积变量标准差为1.08,仅次于农户净收益变量,最小值和最大值分别为3.00和7.66,差值较大,说明有效灌溉面积在省际和年际差异较大。小麦平均出售价格标准差为1.08,在控制变量中为最小标准差,表明不同省份小麦平均出售价格差异不大,从侧面反映了粮食最低收购价政策的实施起到了一定的托市效应,不同省份不同年份小麦出售价格差异不大。

表 7.1 变量取值及描述性统计结果

变量名称	变量说明	均值	标准差	最小值	最大值	峰度	偏度
净收益	每亩小麦净收益对数值	0.11	1.22	−3.76	2.99	3.81	−0.89
最低收购价政策	某省份某年实施小麦最低收购价政策	0.27	0.44	0	1	2.11	1.06
化肥成本	每亩化肥成本对数值	4.17	0.33	3.11	4.75	2.96	−0.82
劳动成本	每亩劳动成本对数值	4.79	0.63	2.29	5.97	5.00	−1.04
土地成本	每亩土地成本对数值	4.10	0.54	2.52	5.20	2.67	−0.12
有效灌溉面积	农作物有效灌溉面积＊（小麦播种面积/农作物播种面积）	5.97	1.08	3.00	7.66	2.26	−0.28
小麦单产	每亩小麦产量对数值	5.54	0.32	4.27	6.10	2.71	−0.27
小麦平均出售价格	每吨小麦平均出售价格对数值	7.25	0.18	6.63	7.72	3.14	−0.51

第三节 粮食最低收购价政策影响农民收益的实证结果分析

一、基准模型回归结果

在进行实证分析之前，本部分首先进行平行趋势检验。双重差分模型的平行趋势假设意味着尽管实验组和对照组的变化趋势存在一定的差异性，但在政策实施之前，如果实验组与对照组存在相同的变化趋势，即两者能够保持相对稳定的差异性，表明对照组的选择具有一定的合理性。根据图 7.6 中 1998—2005 年小麦最低收购价政策实施区与非政策实施区小麦种植净收益变化趋势，我们可以基本判定，在小麦最低收购价政策实施前，政策实施区与非政策实施区小麦种植净收益具有相对一致的变化趋势，故可以利用双重差分模型进行接下来的实证分析。

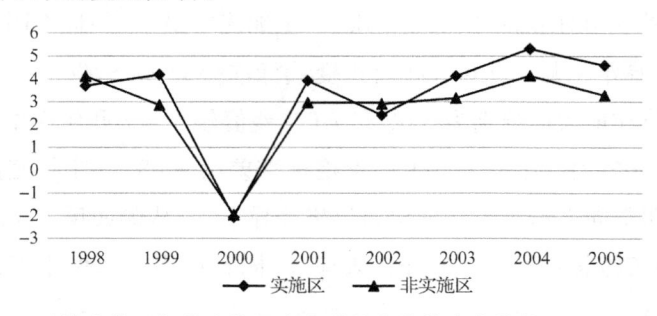

图 7.6 政策实施区与非实施区小麦种植净收益变化趋势(1998—2005 年)

接下来,我们考察了小麦最低收购价政策对农户收益的影响。表7.2模型(1)和(2)给出了相关实证结果,其中,(1)为不加入控制变量的模型,小麦最低收购价政策变量通过了1%的显著性检验;(2)为加入控制变量的模型,小麦最低收购价政策变量通过了10%的显著性检验。可以看到,无论是否加入控制变量,小麦最低收购价政策的实施对农户净收益均存在正向影响,小麦最低收购价政策能够提高农户种植小麦的净收益。

表7.2 小麦最低收购价政策影响农户净收益的实证结果

	(1)		(2)		(3)	
	系数	T值	系数	T值	系数	T值
最低收购价政策	0.944 7***	4.57	0.261 6*	1.92	—	—
政策实施第1年(2006)	—	—	—	—	0.496 0**	2.23
政策实施第2—4年(2007—2009)	—	—	—	—	0.527 4***	3.27
政策实施第5—7年(2010—2012)	—	—	—	—	0.234 7	1.38
政策实施第8—10年(2013—2015)	—	—	—	—	0.368 1**	2.08
政策实施第11—13年(2016—2018)	—	—	—	—	−0.197 0	−0.96
政策实施第14—16年(2019—2021)	—	—	—	—	0.357 3**	2.24
化肥成本	—	—	1.051 6***	7.21	0.996 7***	6.50
劳动成本	—	—	−1.447 4***	−17.78	−1.293 0***	−15.79
土地成本	—	—	−0.730 2***	−7.85	−0.650 4***	−7.20
有效灌溉面积	—	—	0.433 2***	6.30	0.423 4***	6.19
小麦单产	—	—	0.336 8	1.60	0.392 0*	1.81
小麦平均出售价格	—	—	2.816 5***	7.85	2.785 4***	7.69
常数项	0.278 0***	3.63	−18.980 2***	−8.31	−19.307 2***	−8.21
时间固定效应	控制		控制		控制	
省份固定效应	控制		控制		控制	

注:*、**和***分别表示在10%、5%和1%的水平上显著。

进一步地,为研究小麦最低收购价政策对农户收益的影响在时间上的变化趋势,本章还考察了小麦最低收购价政策实施不同时间段对农户净收益的影响,回归结果见表7.2模型(3)。

观察各阶段小麦最低收购价政策变量系数值可以发现,小麦最低收购价政策实施初始阶段,各变量系数值均通过了5%的显著性检验,政策实施能够显著增加农户种植小麦的净收益;然而,随着小麦最低收购价政策的持续实施,政策变量系数值未通过显著性检验,部分时间段政策指标系数值甚至为负数,小麦最低收购价政策对农户净收益的正向促进作用不显著。具体来看:小麦最低收购价政策实施初期(2006—2009年),农户种植小麦的净收益得到有效提升,政策增收效应显著。2008年左右,国内外粮食市场环境发生深刻变化,国际粮价走低而国内粮价不断攀升,政府通过不断提高粮食最低收购价格,以稳定国内粮食市场和增加农户收益。随着粮食最低收购价格的不断提高,2008—2010年,小麦生产成本处于低速增长阶段,小麦最低收购价格提高意味着农户种植小麦单位产量收益能够获得最低收购价格水平的收益,农户小麦种植收益得到有效保障。2011年以后,化肥、劳动和土地成本持续快速增长,小麦生产成本增长速度显著高于产值增长速度,最低收购价格增长速度难以赶上小麦生产成本的增长速度,尤其在2015—2017年,持续上涨多年的小麦最低收购价格与2014年持平,小麦生产成本无法迅速下降,小麦种植收益被高企的生产成本稀释,政策增收效应逐渐减弱甚至消失。近几年,政府再次提高小麦最低收购价格,政策增收效应继续发挥作用。

控制变量中,化肥成本对小麦种植净收益存在正向影响,可能原因在于,尽管化肥成本增加会降低农户每亩净收益,但化肥投入数量增多会增加化肥成本,化肥投入增加能够通过提升小麦单产而增加农户收益,化肥成本对农户净收益的影响存在正向促进作用。劳动成本和土地成本变量系数通过了1%的显著性检验,劳动成本和土地成本增加对小麦每亩净收益存在显著负向影响。小麦生产成本结构中,劳动成本和土地成本占据了较大比例,与化肥成本增加带来的增产效应不同,这两项成本大幅增加会挤占农户净收益。有效灌溉面积变量通过了1%的显著性检验,有效灌溉面积能够通过提升小麦产量而增加农户净收益。小麦单位面积产量变量显著性水平较弱,单位面积产量增加能够增加农户净收益。小麦平均出售价格变量通过了1%的显著性检验,小麦出售价格提高有助于提升农户种植净收益。

二、稳健性检验结果

为克服粮食最低收购价政策实施省份与非政策实施省份的变动趋势存在系统性差异,以及降低 DID 方法估计偏误,本部分采用 PSM-DID 方法对粮食最低收购价政策与农户净收益之间的关系进行稳健性检验。

(一) 模型有效性检验

进行 PSM-DID 模型回归之前,首先进行模型有效性检验,表 7.3 给出了倾向得分匹配前后粮食最低收购价政策实施省份和非政策实施省份的特征差异,各特征变量为 DID 模型选取的控制变量。可以看出,倾向得分匹配之前,t 检验结果表明,各特征变量在政策实施省份和非政策实施省份之间存在系统性差异,倾向得分匹配之后,除了劳动成本在匹配前后均未通过显著性检验外,其余特征变量接受了政策实施省份与非政策实施省份之间无系统差异的原假设,并且 t 值呈现出不同程度的下降,结合卡方统计量检验结果,PSM-DID 方法是合理的。

表 7.3 倾向得分匹配前后处理组与对照组差异结果

	倾向得分匹配前		倾向得分匹配后	
	系数	T 值	系数	T 值
化肥成本	0.266 0***	7.12	0.087 5*	1.77
劳动成本	0.005 7	0.08	−0.035 8	−0.43
土地成本	0.430 1***	6.72	0.003 7	0.05
有效灌溉面积	1.420 8***	13.48	0.052 8	0.43
小麦单位面积产量	0.439 7***	14.31	0.034 3	0.98
小麦平均出售价格	0.076 4***	3.53	−0.003 4	−0.12

注:系数值为最低收购价政策实施省份与未实施省份同一变量均值差值。

(二) 稳健性检验结果

接下来对倾向得分匹配后的数据进行回归分析,模型估计结果见表 7.4。根据稳健性检验结果,基于 PSM-DID 方法的稳健性检验结果与基于 DID 方法的基准回归结果基本一致。具体来看:根据模型(1)和(2)回归结果,无论模型中是否加入控制变量,粮食最低收购价政策对农户净收益的影响未发生显著变化;根据模型(3)回归结果,不同时间段粮食最低收购价政策指标系数值和显著性水平也没有发生较大变化。粮食最低收购价政策实施对农户净收益存在显著正向促进作用,并且随着政策的持续实施,政策增收效应逐渐消失,基准回归结果存在较好的稳健性。

表 7.4 最低收购价政策影响农户净收益的稳健性检验结果

	(1)		(2)		(3)	
	系数	T值	系数	T值	系数	T值
最低收购价政策	0.950 4***	3.65	0.257 8*	1.72	—	—
政策实施第1年(2006)	—	—	—	—	0.493 1*	1.69
政策实施第2—4年(2007—2009)	—	—	—	—	0.505 6**	2.37
政策实施第5—7年(2010—2012)	—	—	—	—	0.174 8	0.85
政策实施第8—10年(2013—2015)	—	—	—	—	0.330 3	1.58
政策实施第11—13年(2016—2018)	—	—	—	—	−0.205 1	−0.85
政策实施第14—16年(2019—2021)	—	—	—	—	0.334 8	1.27
化肥成本	—	—	1.079 0***	7.62	1.030 3***	7.14
劳动成本	—	—	−1.427 8***	−20.96	−1.387 3***	−19.47
土地成本	—	—	−0.683 4***	−7.05	−0.628 0***	−6.31
有效灌溉面积	—	—	0.421 4***	5.89	0.410 9***	5.73
小麦单位面积产量	—	—	0.328 7	1.64	0.377 1*	1.86
小麦平均出售价格	—	—	2.666 9***	8.41	2.655 6***	8.20
常数项	0.278 0**	2.16	−18.179 7***	−8.82	−18.480 9***	−8.68
时间固定效应	控制		控制		控制	
省份固定效应	控制		控制		控制	

注:*、**和***分别表示在10%、5%和1%的水平上显著。

第四节 本章小结

本章首先分析了我国粮食种植成本收益情况,然后基于小麦省级面板数据,使用 DID 方法实证检验了最低收购价政策对农户收益的影响,并采用 PSM-DID 方法进行了稳健性检验,主要得到以下结论:

第一,1998 年至 2021 年,小麦主产省每亩生产总成本和不同成本均呈波动上涨态势,波动幅度呈大幅波动向小幅波动转变。2014 年以来,小麦主产省每亩生产总成本增长速度放缓,近年来增速在 0% 上下波动,意味着我国小麦主产省生产总成本由快速增长阶段向缓慢增长甚至下降阶段迈进。从小麦生产成本结构来看,人工成本投入最高,每年维持在三成左右;化肥和土地成本投入占比位次发生较大变化,土地投入占比上涨明显,化肥投入占比下降,长期来看,这种以消耗环境为代价的粮食增产方式不具有可持续性。我国小麦主产省每亩产值整体呈波动上升趋势,但近年来各省每亩产值波动较大,每亩净收益波动较大,地区之间差异明显。

第二,最低收购价政策实施能够显著增加农户种植小麦的净收益,政策持续实施过程中,粮食最低收购价格难以持续增长和生产成本高企双重压力下,政策增收效应逐渐减弱甚至消失。具体来看:小麦最低收购价政策实施初期,农户种植小麦的净收益得到有效提升,政策增收效应显著;随着小麦最低收购价格的不断提高,小麦生产成本处于低速增长阶段,小麦最低收购价格提高能够助推小麦价格升高,农户小麦种植收益得到有效保障。2014 年以后,小麦最低收购价格不再持续增长,小麦生产成本无法迅速下降,小麦种植收益被高企的生产成本稀释,政策增收效应逐渐减弱甚至消失。近年来,小麦最低收购价格有所提高,农户种植小麦净收益有所增加。

基于上述结论,本书得到以下启示:一方面,粮食最低收购价政策的实施对增加农户收益起到了重要的促进作用,政策增收目标得到实现;另一方面,随着粮食最低收购价政策的持续实施,粮食生产成本增速由政策实施初期的低速增长变为快速增长,高企的生产成本稀释了农户种粮收益,政策增收效应呈递减趋势。因此,政府在接下来调整最低收购价政策过程中,应当逐渐降低粮食生产成本,防止各项粮食支持政策增收效应被生产成本稀释,从而实现保障农户收益的目标。

第八章 粮食最低收购价政策改革思路浅析

为支持本国农业发展和顺应市场经济大趋势，各个国家在不同时期都会出台相应的农业支持政策。以美国和欧盟为例，政府部门每隔五六年就会出台新的农业法案，推出一些新的补贴名目。在过去几十年的时间里，各个国家的农业支持政策均发生了多次重大变革，我国也不例外。近年来，随着粮食最低收购价政策的高频启动，政策负外部性不断显现，政府对部分粮食品种价格支持政策进行了改革，如玉米和大豆相继实施生产者补贴政策。本章在对我国主要粮食托市政策改革实践及其箱体属性特征分析的基础上，通过对比粮食最低收购价政策和生产者补贴政策的社会福利效应，尝试提出未来我国粮食最低收购价政策改革的基本思路。

第一节 我国粮食托市政策改革实践与箱体属性

一、WTO 关于国内支持条款内容

20 世纪七八十年代以来，以政府补贴和双边数量限制等为特征的保护主义重新抬头。为制止和扭转保护主义，促进国际市场合作与发展，建立一个更具开放性和持续生命力的多边体制，1986 年 9 月，最后一轮关税与贸易总协定谈判在乌拉圭举行，并在 1994 年 4 月签署了最终协议，谈判内容涉及关税、非关税措施等传统议题和服务贸易、知识产权等新议题。作为备受关注的农业谈判的最终成果以及乌拉圭回合一揽子协定中的有机组成部分，《农业协议》全面改写了国际农产品贸易规则，成为世界贸易组织农产品贸易体制的基础（De Gorter 等，2003）。根据《农业协议》内容，各国政府可以对本国农业给予支持，但需注意农业政策对国际贸易的扭曲程度，最好采取扭曲程度较小的政策。协议还赋予了发展中国家实施承诺的灵活性，发展中国家降低关税和削减补贴的程度不必等

同于发达国家,这些国家可以用更长的时间来完成自己的义务。

根据协议内容,以"政府执行的农业政策和计划是否对生产和贸易产生扭曲"为标准,各个国家的农业支持措施可以划分为两大类:

一类称为"绿箱"政策,主要是政府执行某项农业计划的费用不是从消费者身上转移而来,而是由纳税人直接负担的。"绿箱"政策对贸易没有或者仅有最微小的扭曲作用,对生产存在很小的影响,并且不对生产者提供价格支持,这类政策可免于进行减让承诺。

另一类称为"黄箱"政策,是指对生产和贸易产生扭曲作用的补贴,主要包括价格支持,营销贷款,面积补贴,牲畜数量补贴,种子、肥料、灌溉等农业投入补贴和某些有补贴的贷款计划等六类支持措施。相较于"绿箱"政策,成员国需要对"黄箱"政策做出国内支持减让承诺。具体规定如下:一是对具体农产品(或所有农产品)的支持,只要其综合支持总量①不超过该产品生产总值(或农业总产值)的5%(发展中国家为10%),就无须削减其国内支持;二是综合支持量必须以1986年至1988年的平均水平为基础,自1995年开始,发达国家和发展中国家分别在6年内和10年内逐步削减20%和13%;三是对发展中国家的特殊待遇和差别待遇,发展中国家的某些"黄箱"政策措施也列入免于削减的范围。此外,"黄箱"政策中,一些与生产限制计划相联系的直接支付被称为"蓝箱"政策,如休耕补贴等。"蓝箱"政策支持不计入综合支持量,当成员国的补贴满足按固定面积或者产量提供,根据基期生产水平85%以下提供,或者按牲口的固定头数提供中的一种时,就不必承担削减义务。

保护本国农业是国际通行做法。《农业协议》指出,各国政府为支持本国农业生产与发展所采取的农业措施是必要的,但这也是造成各国农产品贸易竞争不公平的重要原因。作为WTO成员方,各国在享受入世红利的同时必然要受到国际规则的约束,如欧盟进行共同农业政策改革时,需要实现与贸易总协定的兼容性(Weyerbroc,1998)。日本对大米设定的进口关税税率高达778%,因此成为西方国家的众矢之的。2017年3月,WTO在日本贸易政策相关调查报告书

---

① 综合支持量(Aggregate Measurement of Support,简称AMS)是指"以货币形式表示的、有利于基本农产品生产者的对某种农产品提供的年度支持水平,或者有利于一般农业生产者的非特定农产品支持"。《农业协议》规定各国用综合支持量来计算支持政策的货币价值,并以此来衡量国内农业支持水平。

中,对日本农业领域"持续性的过度保护"状态表示担忧,并要求日本对此进行改革。中国对进口配额外的大米征收关税税率为65%,但美国认为中国没有完全使用关税配额,使得部分进口产品被征收了高额税率,并要求WTO成立专门小组,调查我国针对小麦、稻米和玉米关税配额(TRQ)的使用问题。国务院发展研究中心农村经济研究部部长叶兴庆指出,人均耕地面积上的优势带来的是农业强国较低的农产品生产成本和强大的国际竞争力,在国际贸易规则中,农业强国要求中日韩等农产品进口国采取低关税,已经造成了事实上的不平等。中国人多地少,我们能守住这个税率已经很不容易了,WTO在制定政策时应该多考虑各国农民的切身利益,而不应只考虑西方大农场商户的利益[①]。

二、我国粮食托市政策改革实践

为实现稳定粮食市场、提高粮食产量和保障农户基本收益等目标,2004年以来,政府部门相继颁布了粮食最低收购价政策和临时收储政策。临时收储政策和粮食最低收购价政策内容略有不同,但实质相同,都是在市场价格低于政府制定的政策价格时,政府代理机构通过政策性收购实现稳定市场和保护粮农利益的政策目标(王士海等,2012),这两项政策一般统称为粮食托市政策。从政策实施效果来看,粮食托市政策的实施使得"政策市"逐渐取代"市场市"并发挥调整农户生产的作用,不仅干扰了市场机制的正常运行,而且,削弱了国内粮食市场的国际竞争力,粮食托市政策增产增收效应逐渐减弱。在此背景下,为完善粮食等农产品价格形成机制,继续坚持市场化改革方向,政府部门相继出台了粮食目标价格补贴政策和生产者补贴政策,从而探索推进粮食托市政策市场化改革。具体如下:

(一)粮食目标价格补贴政策

2014年,中央1号文件明确提出逐步建立农产品目标价格制度,并启动东北和内蒙古大豆、新疆棉花目标价格补贴试点。根据粮食目标价格补贴政策内容,当市场价格过高时,政府补贴低收入消费者;当市场价格过低时,为保障农民种粮收益,政府按市场价格与目标价格的差价补贴生产者。同年6月,国

---

① 本段落的有关数据来源于国务院发展研究中心农村经济研究部部长叶兴庆在2017年9月17日在贵阳召开的中日韩地方政府三农论坛上的发言。

务院常务委员会再次提出,在保护农民种粮收益的前提下,逐步推动粮食价格支持政策和农业补贴政策向农产品目标价格制度转变。

目标价格制度试点期间,对于棉花品种来讲,多数学者认为棉花目标价格补贴政策完善了棉花价格形成机制,保护了棉农利益,稳定了新疆棉花生产,对调控国内棉花供给具有重要促进作用,基本上达到了预期改革目标(黄季焜等,2015;朱满德等,2017;王利荣等,2021)。然而,大豆目标价格补贴试点并没有取得预期的政策效果。对于大豆品种来讲,大豆市场价格形成机制得到逐步发挥,中央财政支出减少,但地方财政支出增加,政策实施没有较好地保障农民基本收益。2014年,加上目标价格补贴,吉林、辽宁和内蒙古三省(区)大豆种植利润为-68.63元/亩、-88.78元/亩和99.19元/亩,分别比上年减少83.66元/亩、247.25元/亩和135.71元/亩;2015年,辽宁省本溪市全市农户大豆种植净利润约为143.85元/亩,较上年同期减少20.22元/亩,降幅为12.32%(徐雪高等,2016;樊琦等,2016)。此外,大豆目标价格补贴政策实施还面临目标价格确定困难、补贴方式制定繁杂、普惠制补贴方式指向性不强、财政负担和生产过剩风险加大等诸多困境(詹琳等,2015;樊琦等,2016)。

从大豆目标价格补贴试点的效果来看,国内外粮食价格倒挂背景下,粮食目标价格补贴政策未能缓解"托市困局",政策实施又面临重重困难,农民生产积极性并不高。粮食价格支持政策市场化改革导向下,政府逐步推广目标价格制度的动力可能会受到影响(武舜臣等,2017)。尤其是目标价格补贴政策,既要完善农产品市场价格形成机制、减缓农产品价格风险,又要增加农民收益,还要促进农业生产,显然是不太现实的,并且实现保障农民增收和增加粮食供给等目标有很多比目标价格补贴政策更有效的政策和措施(黄季焜等,2015)。此外,从粮食目标价格补贴政策本身来讲,粮食目标价格补贴政策仍然是一种价格补贴政策,长期依赖于托市政策形成的市场价格短期内恐怕难以适应这种新的政策,市场价格无法真正发挥资源配置作用,"市场市"短期内恐怕是难以实现。

(二)粮食生产者补贴政策

1. 玉米生产者补贴政策

在大豆目标价格制度改革没有取得成熟经验的背景下,为解决国内玉米库存高企、财政负担加重、国内外价差扩大、收储和进口压力增加等突出问题，2016年，中央1号文件提出，按照市场定价、价补分离的原则，积极稳妥推进玉米收储制度改革，建立玉米生产者补贴制度。相较于目标价格补贴制度，生产者补贴与目标价格补贴之间既有联系又有区别。其联系在于，两项粮食支持政策都是坚持市场化改革取向，粮食价格均由市场决定。其区别在于，一是补贴测算方式不同，目标价格是政府根据每年的市场情况测算当年的目标价格补贴，采用一年一定方式，对于生产者补贴，政府只需计算每年的补贴值，以后补贴值稳定或略有增加即可；二是补贴发放时间不同，目标价格补贴发放时间是次年，生产者补贴是当年发放（王文涛等，2018）。2016年，国家财政部分两次发放玉米生产者补贴390亿元，号称是史上最高的单向补贴。从玉米生产者补贴政策实施效果来看，东北三省和内蒙古玉米种植面积减少，农民收入较为稳定，市场价格不断下降，尤其在2016年底，国内玉米市场价格首次低于国际市场，国内玉米价格市场竞争力提升，玉米及其替代农产品进口减少（王文涛等，2019）。

2. 大豆生产者补贴政策

考虑到大豆目标价格试点效果与预期不符，政策实施又面临重重困难，2017年9月，国家发展改革委、国家粮食局、财政部、农业部、中国人民银行、中国银行业监督管理委员会联合发布《关于切实做好2017年东北地区玉米和大豆收购工作的通知》。通知要求东北三省和内蒙古玉米、大豆实施市场化收购加补贴机制，即当年新粮上市期间，不再实施政策性收储计划，由企业按照市场价格进行收购，这意味着试点三年的大豆目标价格制度正式退出，中央财政对大豆生产者给予补贴，引导并鼓励农民增加大豆播种面积。为做到有备无患，通知要求收购任务重的地区应制定应急收购预案。

3. 稻谷生产者补贴政策

2018年4月，农业农村部发布通报，为了进一步发挥粮食价格市场形成机制作用，引导稻谷产业结构调整和提档升级，国家将继续下调最低收购价格，同时为了弥补农民因粮食最低收购价格下调面临的损失，配套建立生产者补贴机制。同年，启动黑龙江稻谷生产者补贴工作，切实保障稻谷生产者合理收益。2019年6月，农业农村部、财政部发布2019年强农惠农政策，为了进一步深化稻谷收储制度和粮食价格形成机制改革，保障农民种粮基本收益，国家将继续对有关稻谷主产省份给予适当的补贴。为贯彻落实政府相关文件精神，保障国家粮食安全，东北三省、安徽、江苏等省份每年均出台稻谷补贴工作实施方案，并对补贴对象、补贴依据、补贴标准和补贴方式等作出具体规定。例如，2022年黑龙江富裕县稻谷生产者补贴发放资金4 465.40万元，涉及种植面积38.79万亩，补贴标准为地表水灌溉140元/亩，地下水灌溉90元/亩。

三、我国粮食托市政策箱体属性情况

作为一个负责任的国家，我国自然会遵守WTO规则，但随着我国粮食价格支持水平的不断提高，政策负外部性不断显现，粮食补贴数量是否遵守WTO规则，尤其是"黄箱"政策是否"超标"问题引起了学术界的广泛担忧。相关测算表明，2008年至2013年，我国小麦、大米、玉米和大豆农产品黄箱支持水平没有突破微量允许上限，但微量允许上限已经开始对我国粮食价格支持政策构成实质性约束（朱满德等，2015）。美国农业部更是在2013年发布的研究报告中直接指出我国提高支持价格的实践有可能违反中国农业支持上限。虽然其测算方法具有争议性（王文涛等，2019），但学术界对于现阶段我国农业补贴数量的担忧不无道理。在对WTO关于国内支持条款内容和我国粮食托市政策改革实践分析的基础上，有必要对各项托市政策箱体属性情况进行探讨。

对农业进行补贴和保护是个普遍性的世界命题，农业产业的弱质性决定了各国政府出台多项农业支持政策来促进本国农业生产与发展，我国自然也不例外。2004年以来，我国实施的粮食托市政策主要包括稻谷和小麦最低收购价政策，以及玉米、大豆等临时收储政策，粮食托市政策的替代政策则主要包括大豆、棉花目标价格补贴政策，以及玉米、大豆生产者补贴政策。具体来看：

（1）粮食最低收购价政策。根据粮食最低收购价政策内容，政府最低收购价格的制定标准为"生产成本＋收益"，政府对农户的补贴与价格密切相关，因此，稻谷和小麦最低收购价政策均属于"黄箱"政策中对特定农产品的市场价格支持。

（2）临时收储政策。在我国向WTO提交的通报中，玉米等临时收储是以粮食安全为目的的公共储备，属于"绿箱"政策范畴。原因在于，临时收储价格是在收储的农产品即将上市前确定的，并且中储粮等收购主体的行为是市

场行为。但是,单纯以农产品收购价格的公布时间作为判断是否为"黄箱"政策的依据实在有失偏颇,政策实施有效刺激了主产区农户的生产积极性,但其"托市"功能加剧了玉米等农作物国内外价格倒挂,扭曲了市场机制,很多学者将其默认为"黄箱"政策范畴(程国强等,2012;吴楠等,2017)。

(3) 粮食目标价格补贴政策。粮食目标价格补贴政策虽然将粮食价格定价权交还给市场,市场供求关系决定粮食价格,但从政策本身来讲,粮食目标价格补贴政策仍然是一种价格补贴政策,农户收益水平与目标价格的制定密切相关,因而属于"黄箱"政策中对特定农产品的直接补贴。

(4) 粮食生产者补贴政策。粮食生产者补贴政策支持下,粮食价格由市场供求决定,政府对生产者给予补贴以实现保障农户收益的目的。一般来讲,生产者补贴主要包括两大类,一类是与生产挂钩的补贴,另一类是与生产脱钩的补贴。挂钩的补贴是指补贴金额与粮食品种、面积或者产量挂钩,属于"蓝箱"政策,脱钩的补贴则根据基期土地面积定额补贴,补贴与生产品种、产量和市场价格等没有关系,相当于农户每年增加一笔与生产没有直接关联的收入(贾娟琪,2017;柯炳生,2018)。结合我国粮食生产者补贴政策实践,粮食生产者补贴政策很好地实现了"价补分离",但仍是对特定农产品给予的补贴支持,属于"黄箱"政策中对特定农产品的直接补贴。

表 8.1 我国粮食托市政策及其替代政策的 WTO 箱体属性

政策名称	WTO 箱体属性	补贴品种
最低收购价政策	黄箱,特定农产品市场价格支持	稻谷,小麦
临时收储政策	黄箱,特定农产品市场价格支持	大豆,玉米,棉花
目标价格政策	黄箱,特定农产品直接补贴	棉花、大豆(2014—2016)
生产者补贴政策	黄箱,特定农产品直接补贴	玉米(2015—至今) 大豆(2017—至今)

WTO《农业协议》规定,发达国家对农业的"黄箱"补贴水平占农业总产值的比重为 5%,发展中国家为 10%。中国综合支持量为 8.5%,"黄箱"政策空间在入世之初是充足的。随着我国农业支持力度的加大和支持手段的多样化,"黄箱"政策支持水平不断向"天花板"逼近。结合我国粮食支持政策箱体属性来看,粮食最低收购价政策和临时收储政策均是对特定农产品市场价格的支持,随着托市价格的连年增长,稻谷等粮食品种已全面突破国际价格"天

花板",其黄箱支持微量允许上限已经开始对我国粮食托市政策构成实质性约束,托市政策难以为继。粮食生产者补贴政策虽然仍属于"黄箱"政策范畴,但其对粮食市场的扭曲作用得到有效缓解,政策市场化特征明显。2000年多哈回合农业谈判提出要大幅改善市场准入条件,减少并逐步取消所有形式的补贴,大幅减少扭曲贸易的国内支持。实现上述目标的具体措施就包括削减微量允许上限,其中,发达国家微量允许上限由5%降至2.5%,发展中国家需要在3年内降至6.7%。显然,无论是从降低粮食最低收购价政策的负外部性,还是从缓解"黄箱"支持水平增加带来的"天花板"压力,又或是符合与WTO规则相接轨的要求,在结合中国人多地少实际情况的基础上,我国粮食最低收购价政策未来的改革方向和落脚点都必然是降低"黄箱"支持水平。

第二节 粮食支持政策的福利效应分析

任何一项政策的实施都需要政府支付巨额的财政成本。当某项政策负外部性不断增加导致政策实施带来的社会福利增加值远低于政策支出成本时,政府就有必要对该项政策实施改革,从而实现帕累托最优状态。大豆目标价格补贴试点的结束表明这项粮食支持政策在我国不具有可持续性,而玉米、大豆和稻谷生产者补贴政策的相继出台为我国接下来的粮食最低收购价政策改革提供了重要参考。为简化分析,本部分首先对比不考虑制度成本的粮食最低收购价政策和生产者补贴政策的福利效应,然后再将制度成本纳入分析框架,从而为政府改革和完善现有粮食最低收购价政策提供理论基础和改革思路。

一、粮食最低收购价政策的福利效应

(一) 不考虑制度成本的粮食最低收购价政策福利效应

为了分析的便利性,本部分采用简化的粮食供给曲线和需求曲线进行表示,粮食供给和需求曲线分别为 S 和 D。假设粮食市场供给数量等于需求数量时的市场均衡价格为 P^e,均衡数量为 Q^e,粮食最低收购价格为 P^l。粮食最低收购价政策的实施与市场价格密切相关,市场价格的变动受到粮食供求

关系的影响,为了全面考察粮食最低收购价政策可能带来的福利效应,本部分将粮食市场供给增多和供给减少两种情形同时纳入分析框架。

1. 粮食供给增多的情形

粮食市场供给数量增加时,如图 8.1 所示,粮食市场供给曲线从 S_1 右移至 S_2,粮食市场价格从 P^e 下降至 P_1,粮食市场供给量从 Q_0 增至 Q_1。根据生产者理论,生产者按照边际成本曲线最低点以上的部分向市场提供产品,生产者能够获得统一的市场价格,生产者剩余为市场价格与边际成本曲线之间的部分,在图中表示为纵坐标、供给曲线 S_2 和 P_1 水平的价格曲线围成的三角形 OP_1M 的面积,用 PS_{10} 表示。生产者剩余主要指生产者的利润,是实际存在的。对消费者来讲,消费者产生需求的基础是消费者边际曲线,其实际支付的价格为市场价格。实际上,消费者剩余是消费者的一种心理感受,是消费者的心理预期价格超出实际价格的那部分,也就是图中纵坐标、需求曲线 D_1 和 P_1 水平的价格曲线围成的三角形 $P^m P_1 M$ 的面积,用 CS_{10} 表示。可以看到,粮食供给增加但粮食最低收购价政策未启动情形下的社会总福利(TS_{10})可以表示为 $TS_{10} = PS_{10} + CS_{10}$。

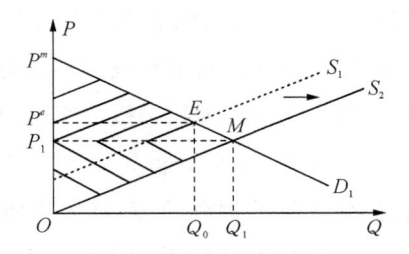

图 8.1 粮食增产时的市场均衡关系

当粮食供给增加导致粮食市场价格低于最低收购价格时,政府按照最低收购价格从市场上收购粮食。假设政府收购行为使粮食市场价格回归至原均衡价格水平,即政府制定的粮食最低收购价格等于原市场均衡价格,政府市场收购行为减少了粮食市场供给量,这将使粮食最低收购价格水平上的市场供给曲线从 S_2 左移至 S_1。从社会福利变化情况来看,粮食市场价格上涨,生产者以更高的价格水平出售粮食,生产者剩余增加;消费者同样面临较高的市场价格,消费者剩余下降;政府以最低收购价格水平收购粮食,政策实施存在成本支出。如图 8.2 所示,新的生产者剩余为纵坐标、粮食最低收购价格水平 P^l

以下的供给曲线 S_2 和 P^l 水平的价格曲线围成的三角形 OP^lN 的面积,用 PS_{11} 表示;消费者剩余为纵坐标、需求曲线 D_1 和 P^l 水平的价格曲线围成的三角形 P^mP^lE 的面积,用 CS_{11} 表示。粮食最低收购价政策启动背景下,社会总福利(TS_{11})可以表示为 $TS_{11} = PS_{11} + CS_{11}$。

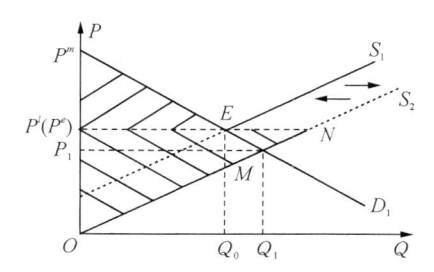

图 8.2　政府收购粮食的市场均衡关系

上述分析可以看到,粮食供给增加时粮食最低收购价政策支持下的社会总福利变化情况($\triangle TS_1$)为 $\triangle TS_1 = (PS_{11} + CS_{11}) - (PS_{10} + CS_{10}) = S_{\triangle MNE}$。

2. 粮食供给减少的情形

粮食市场供给减少时,粮食价格增长过快容易引发通货膨胀进而影响整个社会经济稳定。如图 8.3 所示,粮食供给下降导致市场供给曲线从 S_1 左移至 S_2,粮食市场价格从 P^e 上涨至 P_2,粮食供给量从 Q_0 降为 Q_2。生产者剩余为纵坐标、供给曲线 S_2 和 P_2 水平的价格曲线围成的三角形 P^nP_2G 的面积,用 PS_{20} 表示;消费者剩余为纵坐标、需求曲线 D_1 和 P_2 水平的价格曲线围成的三角形 P^mP_2G 的面积,用 CS_{20} 表示。可以看出,粮食供给减少情形下社会总福利(TS_{20})可以表示为 $TS_{20} = PS_{20} + CS_{20}$。

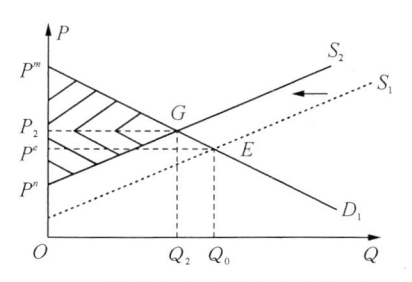

图 8.3　粮食减产时的市场均衡关系

当粮食供给减少导致粮食价格上涨幅度过大时,政府通过释放库存增加粮食市场供应数量以降低粮食市场价格。假设政府释放库存的行为使粮食市场价格下降至原均衡价格水平,政府目标价格水平为 P^g,这将使 P^g 水平下的市场供给曲线从 S_2 右移至 S_1。从社会福利变化情况来看,粮食市场价格下降,生产者以较低的价格销售粮食,生产者剩余下降,消费者以较低的市场价格购买粮食,消费者剩余增加;政府以高于原市场价格的目标价格水平 P^g 出售储备粮,政府财政收入增加。如图 8.4 所示,新的生产者剩余为纵坐标、目标价格水平 P^g 以下的供给曲线 S_2 和 P^g 水平的价格曲线围成的三角形 P^nP^gH 的面积,用 PS_{21} 表示;消费者剩余为纵坐标、需求曲线 D_1 和 P^g 水平的价格曲线围成的三角形 P^mP^gE 的面积,用 CS_{21} 表示。在此情形下,社会总福利(TS_{21})可以表示为 $TS_{21}=PS_{21}+CS_{21}$。

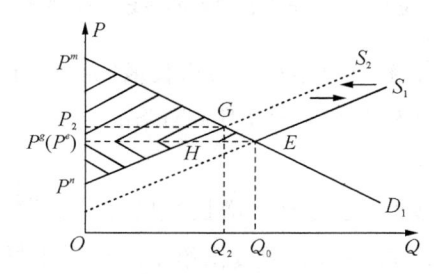

图 8.4 政府释放库存的市场均衡关系

上述分析可以看到,粮食供给减少时,粮食最低收购价政策支持下的社会总福利变化情况($\triangle TS_2$)为 $\triangle TS_2 = (PS_{21}+CS_{21})-(PS_{20}+CS_{20})= S_{\triangle HEG}$。

至此,本部分从粮食增产和粮食减产两个层面出发,综合考察了粮食最低收购价政策的社会福利效应。总的来讲,不考虑制度成本的情形下,粮食最低收购价政策实施的社会福利变化情况($\triangle TS$)可以表示为 $\triangle TS = S_{\triangle MNE}+S_{\triangle HEG}$,即不考虑政府财政成本时,粮食最低收购价政策实施能够增加社会总福利。

(二)粮食最低收购价政策实施成本

在现实的市场环境中,任何一项政策的实施都需要政府支付大量的财政成本。概括来看,政府实施粮食最低收购价政策的财政支出主要包括以下三类。

1. 粮食收购成本

粮食供给增加时,政府以最低收购价格水平从市场上收购粮食,政府需要支付一定数量的收购成本,具体可以表示为 $P^l*(Q_1-Q_0)$,其中,(Q_1-Q_0) 表示政府从市场上收购的粮食数量。相应地,粮食市场供给减少时,国家通过释放粮食库存的方式增加粮食市场供给量,政府售粮收益可以表示为 $P^g*(Q_0-Q_2)$,其中,(Q_0-Q_2) 表示政府出售的粮食数量。总的来讲,政府实施粮食最低收购价政策需要支付的粮食收购成本为 $P^l*(Q_1-Q_0)-P^g*(Q_0-Q_2)$。显然,如果政府财政支出能够在两种情形下实现跨期平衡,则政府支付的粮食收购成本就等于零。

从粮食收购成本构成可以看到,政府支付的粮食收购成本与粮食最低收购价格、目标价格、收购数量和销售数量等因素密切相关。现实的市场环境中,政府财政支出实际上很难实现跨期均衡,具体来看:① 粮食收购方面。我国粮食最低收购价格持续多年上涨,政府以较高的价格水平从市场上收购粮食,尤其在国内外粮食价格倒挂的背景下,高频启动的粮食最低收购价政策使政府收购的粮食数量不断增加,政府财政支出高昂。② 粮食出售方面。理论上讲,当市场粮食供给量过多导致粮食市场价格下降时,政府通过释放粮食库存以降低粮食市场价格。然而,粮食最低收购价政策实际实施过程中,粮食最低收购价格不断增长一定程度上助推了国内粮食价格上涨,国内外粮食价格倒挂现象明显。因此,国内粮食连续增长、市场供给相对宽松背景下,政府部门在对托市收购的政策性粮食进行公开竞价销售①时,市场上实际成交的规模远低于政府制定的计划销售规模,低成交率是竞价销售的显著特征。2006年11月至2012年5月,小麦每周计划销售规模为263万吨,但每周平均实际成交规模仅53万吨(王士海等,2013)。显然,较高的流拍率导致政府出售的政策性粮食数量远低于政府收购的政策性粮食,没有及时轮换出去和滞销的粮食品质下降又导致竞拍价格低于当年收购的粮食最低收购价格,政府出售政策性粮食获得的收益远低于粮食收购支出成本。

2. 粮食储存成本

政府收购政策性粮食不仅要支付收购成本,还要承担高昂的粮食储存成本,具体包括粮食仓储设施建设与维护成本、粮食保管与运输成本、粮食储备

---

① 2006年,中央政府正式确立并实施政策性粮食在指定批发市场常年常时竞价销售制度,该制度出台的目的在于,一是防止政策性粮食经营管理企业低价销售储备粮形成新的经营性亏损,二是作为政府释放粮食库存和平抑粮食市场价格剧烈波动的手段。

管理的人工成本、粮食存储过程中的自然损耗以及粮食轮出成本等。对于任何一种政策性粮食作物而言,政府一方面收购该种粮食作物后需要支付中国储备粮管理总公司及其委托代理公司一定的保管费用,另一方面还要不断增加仓储设施投入以解决粮食收购数量不断攀升带来的仓满为患问题。截至2018年,中国储备粮管理总公司累计创建标准仓1.8万个,规范库897个,智能化粮库建设覆盖全部902个库点,政府每年要支付大量的成本用于仓储建设。除此之外,政府还要支付利息费用、仓房改造、陈化损失以及轮换差价等各种成本。显然,政府从收购粮食到轮出粮食面临巨额的财政支出费用。但是,政府支付高昂的成本代价的背后却是农民真正收益不及10%,粮食企业存在潜在亏损,企业生存面临难题(李鹏,2018)。本部分假设单位重量的粮食储备成本为k,粮食平均储备规模为Q_s,则政府每年储备粮食所支付的成本可以用kQ_s表示。

3. 托市收储监管成本

政策性粮食收储虽然依托于中央储备粮的垂直管理体系,但托市粮与中央储备粮的监管体系是存在较大差异的。不同于中央储备粮管理总公司直接经营管理中央储备粮,托市粮采取委托收储体制,中央储备粮管理总公司委托地方粮食企业进行收储,因此在托市收储过程存在多层委托代理体系,如政府与中储粮之间、中储粮与地方代储库之间等(王薇薇等,2009)。多层委托代理关系中各主体目标的不完全一致性,以及这种经营模式中监督和约束的逐渐递减等特征,为政策执行者扭曲政策、谋取个人或者集团利益提供了较大的可操作空间。对于处于中间环节的委托代理人来讲,其在追求双重利益过程中可能会存在角色错位和利益越界行为,增加政府监督成本,导致道德风险上升(曹元芳,2008);对于中央以下的各参与主体来讲,他们在多次博弈中容易达成共同对付中央政府的默契,通过合谋来获取巨额利益(谭秋成,2008)。显然,这部分成本是市场不可见的,属于政策实施的隐性成本,本部分将其表示为m。

(三) 考虑制度成本的粮食最低收购价政策福利效应

粮食最低收购价政策实施过程中,政策性粮食的收购、保管与投放等过程均是有代价的,政府每年需要支付巨额的财政成本。总的来讲,考虑制度成本的情形下,粮食最低收购价政策福利效应可以表示为 $(S_{\triangle MNE} + S_{\triangle HEG}) -$

第八章 粮食最低收购价政策改革思路浅析

$P^l*(Q_1-Q_0)+P^g*(Q_0-Q_2)-kQ_s-m$。显然,粮食最低收购价政策福利效应受到粮食最低收购价格、收购数量、库存数量等多种因素的影响。2008年以来,政府不断提高粮食最低收购价格,国内外粮食价格倒挂,粮食市场出现"产量高、库存量高、进口量高"的怪象,政策性粮食顺价销售困难,粮食流拍导致国内粮食库存积压,政策执行成本不断增加,再加上政策实施产量效应和收益效应不断减弱甚至收益效应已经消失,政策福利增加部分逐渐被政策成本稀释。

二、粮食生产者补贴政策的福利效应

(一) 不考虑制度成本的粮食生产者补贴政策福利效应

1. 粮食供给增加的情形

从图 8.5 可以看到,粮食市场供给增加时,粮食供给曲线从 S_1 右移至 S_2,市场供给数量从 Q_0 增加到 Q_1,市场价格从 P_0 降至 P_1。无粮食支持政策的情形下,生产者剩余为纵坐标、供给曲线 S_2 和 P_1 水平的价格曲线围成的三角形 OMP_1 的面积,用 PS_{10} 表示;消费者剩余为纵坐标、需求曲线 D_1 和 P_1 水平的价格曲线围成的三角形 P^lP_1M 的面积,用 CS_{10} 表示。粮食生产者补贴政策支持下,为了分析的便利性,本部分将生产者获得的收益补贴均摊到粮食总产量上面,即农户获得的单位粮食价格实际上包括市场价格和单位粮食产量分摊的收益补贴两个部分,在图中表示为 P_1^*,高于粮食市场价格 P_1。在此情形下,生产者剩余为纵坐标、供给曲线 S_2、Q_1 水平的粮食数量曲线和 P_1^* 水平的价格曲线围成的四边形 $OMNP_1^*$ 的面积,用 PS_{11} 表示;消费者剩余没有发生变化,依旧是三角形 P^lP_1M 的面积,用 CS_{11} 表示。显然,粮食生产者补贴政策实施前后社会总福利变化情况($\triangle TS_1$)表示为:$\triangle TS_1=(PS_{11}+CS_{11})-(PS_{10}+CS_{10})=S_{P_1MNP_1^*}$。

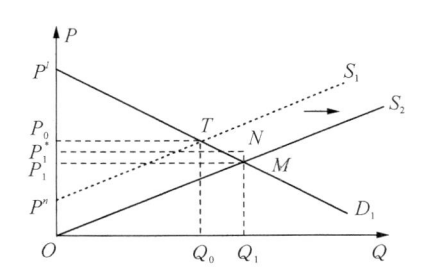

图 8.5 市场供给增加的市场均衡关系

2. 粮食供给减少的情形

从图 8.6 可以看到，粮食市场供给减少时，粮食供给曲线从 S_1 左移至 S_3，市场供给数量从 Q_0 降至 Q_2，市场价格从 P_0 上升至 P_2。无粮食支持政策的情形下，生产者剩余为纵坐标、供给曲线 S_3 和 P_2 水平的价格曲线围成的三角形 P^pHP_2 的面积，用 PS_{20} 表示；消费者剩余为纵坐标、需求曲线 D_1 和 P_2 水平的价格曲线围成的三角形 P^mP_2H 的面积，用 CS_{20} 表示。粮食生产者补贴政策支持下，假设生产者实际获得的单位粮食价格为 P_2^*，生产者剩余变为纵坐标、供给曲线 S_3、Q_2 水平的粮食数量曲线和 P_2^* 水平的价格曲线围成的四边形 $P^pHGP_2^*$ 的面积，用 PS_{21} 表示；消费者剩余没有发生变化，依旧是三角形 P^mP_2H 的面积，用 CS_{21} 表示。在此情形下，粮食生产者补贴政策实施后社会总福利变化情况可以表示为 $\triangle TS_2 = (PS_{21}+CS_{21})-(PS_{20}+CS_{20}) = S_{P_2HGP_2^*}$。

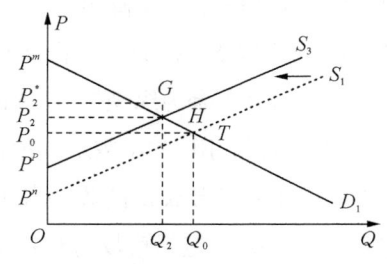

图 8.6　市场供给减少的市场均衡关系

（二）考虑制度成本的粮食生产者补贴政策福利效应

根据粮食生产者补贴政策内容，生产者补贴与农户播种面积（或产量）挂钩，生产者补贴实际上是粮食播种面积（或产量）的函数，农户播种面积（或产量）越大，农户获得的补贴越多。本部分在分析粮食生产者补贴的社会福利效应时，将农户获得的固定收益均摊到农户收获的粮食总量上面，即农户出售粮食获得的价格实际上是粮食市场价格与单位粮食产量获得的固定收益两个部分，农户获得的生产者补贴越高，农户单位粮食获得的收益也越高。

结合粮食增产与减产两种情形，政府在实施粮食生产者补贴政策时，财政成本主要包括政府给予农户的直接补贴、粮食播种面积（或产量）的核算成本以及其他隐性成本。其中，政府核算成本以及其他隐性成本可以用 n 表示。因此，考虑制度成本后粮食生产者补贴政策的社会福利效应可以表示为

$S_{P_1MNP_1^*} + S_{P_2HGP_2^*} - Q_1*(P_1^*-P_1) - Q_2*(P_2^*-P_1) - n$。具体来看:政府收入来源于税收,粮食增产与减产情形下,政府对生产者补贴的部分实际上相当于政府对生产者进行了转移支付,在政府支付播种面积核算成本后,政府补贴完全有效、不存在效率损失的背景下,生产者补贴政策的社会总福利变化情况实际上为零。一旦政府补贴效率较低,即 n 数值较大时,生产者补贴政策实施就会导致社会总福利降低。

(三) 进一步分析:粮食生产者补贴政策面临的问题

粮食生产者补贴政策的积极作用在于实现了粮食价格与补贴的分离,市场决定粮食价格,避免了政府对粮食市场价格的扭曲,符合历年中央1号文件关于完善农业支持保护制度中更好发挥市场机制的政策取向。粮食生产者补贴是政府根据粮食播种面积(或产量)给予生产者的补贴,生产者补贴标准的制定水平以及粮食播种面积(或产量)的核算等问题均会影响政策效果。

1. 粮食生产者补贴标准的制定问题

一方面,政府制定的补贴标准直接关系到农户的收益。如果粮食生产者补贴的标准过低,生产者补贴就无法实现保障农户收益的目标;如果粮食生产者补贴的标准过高,农户收益虽然能够得到保障,但政府将面临较大的财政支出成本。另一方面,政府制定的补贴标准还与生产结构调整存在密切关联。粮食生产者补贴政策支持下,政府不再通过价格干预来调整农作物生产,而通过对农作物补贴来调整农户种植结构。对于农户来讲,种植哪种农作物获得的收益越高,农户就会偏向于种植该种农作物,因此,政府部门在制定粮食生产者补贴标准时,应当充分考虑不同农作物种植收益之间的平衡点,防止市场上出现不同农作物价格失衡的现象。

2. 粮食生产者补贴面积(或产量)的核实问题

粮食生产者补贴政策支持下,政府按照粮食播种面积(或产量)标准对生产者给予补贴。关于粮食播种面积指标核算问题,我国农业生产以小农经营为主,部分地区农户播种面积碎片化现象明显,再加上开荒等个体行为,农户实际播种面积可能远高于统计在册的粮食播种面积,政府与生产者之间存在明显的信息不对称现象。粮食播种面积的核算自然需要支付一定的核算成本,一旦政府统计好农户粮食播种面积后,短期内都不需要再次进行核算。相对于粮食播种面积指标来讲,粮食产量的统计与核算更加复杂,其成本也相对较高。

三、两种粮食支持政策福利效应的比较

无制度成本情形下,粮食最低收购价政策和生产者补贴政策实施均能够增加社会总福利。但在现实的政策市场环境中,任何一项政策的实施均需要政府支付巨额的财政成本,只有政策实施总福利效应远高于政策实施成本时,这项政策才有实施的必要性及可持续性。接下来,本部分将对粮食最低收购价政策和生产者补贴政策净福利进行比较,为提出粮食最低收购价改革基本思路提供理论基础。

粮食最低收购价政策支持下,政府需要支付粮食收购成本、粮食储存成本等显性成本,以及政府监管等隐性成本。结合我国粮食最低收购价政策实施情况来看,粮食最低收购价格不断增长,粮食收购数量增多,政策性粮食顺价销售困难,粮食库存积压严重,这些现象的存在均导致政策实施成本不断增加。即使粮食最低收购价政策实施初期粮食产量增加带来的社会福利增加效应显著,但随着政策的持续实施,政策增产效应和增收效应逐渐减弱,日益增长的政策实施成本会逐渐稀释政策福利效应,政策实施带来的负向福利效应逐渐增加。

粮食生产者补贴政策支持下,政府需要支付生产者补贴成本、粮食面积或者产量核算成本,以及其他隐性成本。前面的分析已经提到,粮食生产者补贴政策实际上是政府对生产者进行了转移支付,不考虑核算成本,政策补贴有效的背景下,社会总福利并没有发生变化,一旦政策隐性成本增加,政策净福利效应就会下降。但值得一提的是,播种面积核算成本支出后,短期内政府核算成本几乎为零。此外,不同于粮食最低收购价政策释放库存降低市场价格补贴消费者的行为,粮食生产者补贴政策没有考虑消费者福利的变化情况,该政策主要用于保障农民因市场价格降低导致的收益受损情况。当粮食市场供给量减少导致市场价格增加时,消费者福利实际上会受到显著影响,尤其对于低收入群体来讲,价格上涨会严重影响他们的基本生活水平。

表 8.2 两种粮食支持政策的福利效应对比情况

	粮食最低收购价政策	粮食生产者补贴政策
粮食增产	$S_{\triangle MNE}$	S_{P_1MNP*1}

续 表

	粮食最低收购价政策	粮食生产者补贴政策
粮食减产	$S_{\triangle HEG}$	S_{P_2HGP*2}
显性制度成本	$P^l * \triangle Q_1 - P^g * \triangle Q_2 + kQ_s$	$Q_1 * (P_1^* - P_1) + Q_2 * (P_2^* - P_1) + n$
隐性制度成本	监管成本等	其他

注：详细指标说明见本章前面的分析。

第三节 粮食最低收购价政策改革思路

针对粮食最低收购价政策改革路径的选择问题,有建议完善原有政策实施框架的保守派,也有对原政策框架进行改进的温和派,还有主张取消粮食最低收购价政策的激进派。虽然各学者主张不同,但其目的具有一致性,均是想要探索出一条适合中国国情与农情的,能够激发农民种粮积极性、保证农民种粮收益和保障国家粮食安全的政策道路。

结合我国粮食托市政策改革实践与政策箱体属性特征,以及对我国粮食最低收购价政策和目标价格补贴政策福利效应的分析情况,本书认为粮食最低收购价政策改革不能放弃粮食最低收购价格支持制度,应当将粮食最低收购价格保持在较低水平,保留其托底功能,并以"市场定价为基础,价补分离为方向,配套措施为辅助"为原则,采取"保留粮食最低收购价格托底功能,配套粮食生产者补贴,尽快推进脱钩补贴制度"的政策改革思路,逐步形成市场定价为基础的粮食价格形成机制,从而实现稳定粮食市场、增加农民收益和保障粮食安全的政策目标。

一、保留最低收购价格托底功能,不同品质差别定价

粮食最低收购价政策在我国已实施多年,考虑到稻谷和小麦在粮食市场中占有重要位置,突然取消粮食最低收购价政策必然对粮食市场稳定产生影响,不利于保障国家粮食安全。对此,政府部门应逐步下调粮食最低收购价格,将粮食最低收购价格保持在低水平状态,保留政策价格托底作用,政策目标由保障收益向保证成本回归,同时粮食最低收购价格的制定还要发挥其对生产结构的调整作用,不同等级品种的粮食最低收购价格应体现出差异性。

总的来讲,政府在接下制定粮食最低收购价格时应遵循逐步降低粮食最低收购价格和对不同等级的粮食实施差别定价两个原则。

一是保留粮食最低收购价格托底功能。由于稻谷和小麦是我国重要的口粮品种,一旦完全取消最低收购价政策可能会导致市场发生剧烈变动,不利于保障国家粮食安全,因此,逐步降低粮食最低收购价格,保留稻谷和小麦最低收购价托底功能具有重要意义。在此基础上,政府部门不仅要控制粮食生产成本尤其是地租等要素非理性上涨的局面,还要加强对稻谷和小麦粮食品种价格形成机制的研究。只有通过综合分析粮食生产成本利润和市场供求平衡等因素,理顺粮食上下游和国内外价格关系,突出粮食最低收购价政策的"托底"功能,将粮食最低收购价格降低到一个正常价格的合适百分比,才能加快推进粮食最低收购价政策由"保收益"向"保成本"功能转变,从而使粮食最低收购价政策启动呈非常态化特征。

二是对不同等级的粮食实施差别定价。粮食最低收购价政策实施过程中,政府规定了稻谷和小麦品种的最低收购价格,同一品种不同等级的粮食最低收购价格差相对微弱。这种现象不利于调动农户种植优质粮的积极性。实际上,作为一种价格与补贴无法分离的补贴政策,粮食最低收购价格的制定不仅要能够弥补农户从事粮食生产的大部分成本,还要兼顾政策覆盖品种与政策未覆盖品种之间的比价关系,尤其是不同等级粮食之间的价差问题,避免出现种植品种质量失衡问题。因此,政府部门在保留粮食最低收购价格的托底功能时,还应充分体现优质优价的原则,综合考虑粮食生产不同地区之间、不同品质之间的差异性,适度拉开不同地区之间、不同品质之间的价格差,从而调动农民种植优质粮的积极性。

二、配套粮食生产者补贴,保障种粮农民收益

相较于粮食最低收购价政策,生产者补贴对市场价格不存在扭曲作用,政策实施成本可控,政策长期净福利高于粮食最低收购价政策,能够有效保障农户收益。在不取消粮食最低收购价政策的条件下,粮食最低收购价格下调必然会影响农民收益,影响农户生产积极性。为补偿粮食市场化改革带来的农民收益损失状况,借鉴玉米和大豆生产者补贴政策实践,政府部门应在保留粮食最低收购价政策托底功能的基础上,配套生产者补贴。以小

麦为例,2019年,小麦最低收购价格为2.24元/公斤,比2018年降低0.06元/公斤,按照每亩500公斤计算,每亩需补贴30元。由于粮食生产者补贴将粮食定价权交还给市场,无论市场价格存在怎样的变化,农户从事粮食生产都能获得数值确定的生产者补贴,有效地保障了农户的收益水平。值得一提的是,粮食生产者补贴政策执行方式不同,其政策箱体属性也会存在差异。因此,粮食目标价格补贴政策在实施过程中应注意其箱体属性情况,尤其在当前中美贸易摩擦不断并且美国起诉我国谷物补贴超限的背景下更是如此。

三、尽快推进脱钩补贴制度,符合WTO规则约束

从国外发达国家粮食支持政策的演进方向来看,发达国家农业补贴政策的调整方向均是从直接干预市场向市场机制为主导转变,从价格支持为主向直接补贴为主转变,从挂钩的粮食补贴政策向脱钩的粮食补贴政策转变,政府重视农业生产的同时更加重视市场导向、环境友好和农村可持续发展等问题。从各项粮食支持政策作用路径和对生产者等市场主体福利的影响来看,一方面,脱钩的粮食补贴政策能够很好地发挥市场配置资源的作用,粮食价格由市场供给和需求决定,政策实施缓解了市场扭曲效应;另一方面,在保证生产者剩余相同的背景下,与粮食最低收购价政策和目标价格政策相比,脱钩的粮食补贴政策操作简单,政府财政支出大幅下降,同时还符合WTO补贴标准,能够有效避免不必要的贸易争端与摩擦。当然,脱钩的粮食补贴政策实施过程中,有以下几个方面值得注意:一是按照种粮面积进行补贴,单位面积的补贴标准应根据粮食最低收购价政策改革过程中粮食最低收购价格调低后农户收益减少状况进行确定;二是不与具体粮食品种挂钩,即不论粮食生产者种植哪种粮食品种(包括杂粮和杂豆等农作物),农户种植单位面积的农作物都可以获得相同的补贴。这种补贴方式能够更好地发挥市场机制的作用,避免出现资源向单个粮食品种转移的现象;三是补贴面积应当只针对法定承包土地,"谁种谁补",做到真正地保护实际种粮农民的收益,避免出现农民种粮反而无法获得补贴等类似情况的发生。

第四节 本章小结

本章首先对我国粮食托市政策改革实践与箱体属性特征分析的基础上，对比分析了粮食最低收购价政策和生产者补贴政策的社会福利效应，探讨了粮食最低收购价政策的改革思路，主要得到以下结论：

一是我国"黄箱"政策空间在"入世"之初是充足的，随着粮食最低收购价政策和临时收储政策的高频启动，"黄箱"政策支持水平不断向"天花板"逼近，降低托市政策负外部性，缓解"黄箱"支持压力，与 WTO 规则接轨等各项因素作用下，粮食最低收购价政策未来的改革方向和落脚点都必然是降低"黄箱"支持水平。

二是对比粮食最低收购价政策和生产者补贴政策的福利效应可以发现：无制度成本的情形下，粮食最低收购价政策和生产者补贴政策均能够增加社会福利。但考虑制度成本的背景下，粮食最低收购价政策实施过程中，政府需要支付粮食收购成本、储存成本等显性成本，以及政府监管等隐性成本，政策实施成本不断增长会稀释政策福利效应甚至出现社会福利受损现象。粮食生产者补贴政策支持下，政府需要支付生产者补贴成本、粮食面积或者产量核算成本，以及其他隐性成本。粮食生产者补贴政策实际上是政府对生产者进行了转移支付，社会总福利并没有存在变化，并且还会因为政策实施成本的存在而减少社会总福利。相较于粮食最低收购价政策，粮食生产者补贴政策不会影响粮食市场资源配置作用，实现了粮食价格与补贴的分离。

三是主粮市场不能放弃价格支持制度，政府应当使粮食最低收购价格保持在较低水平，保留其托底功能。以"市场定价为基础，价补分离为方向，配套措施为辅助"为原则，采取"保留最低收购价格托底功能，配套粮食生产者补贴，尽快推进脱钩补贴制度"的方式，逐步形成市场定价为基础的粮食价格形成机制，实现市场稳定、农民增收和粮食安全的政策目标。

第九章　研究结论与政策启示

第一节　研究结论

粮食最低收购价政策在我国已实施二十年之久,政策实施对稳定国内粮食市场、增加粮食产量和保障农户收益等方面均产生了重要的促进作用。本书在梳理我国粮食支持政策演进过程、概括和总结粮食最低收购价政策相关内容的基础上,以小麦市场为例,从粮食市场价格、粮食产量和农户收益等角度出发对我国粮食最低收购价政策实施效果进行了相对客观且全面的评价,然后基于我国粮食价格托市政策改革实践和主要粮食支持政策 WTO 箱体属性情况,对比分析了粮食最低收购价政策和生产者补贴政策的社会福利效应和制度成本,最后对我国接下来的粮食最低收购价政策可能的改革思路进行了探讨,主要得到以下结论:

一是粮食最低收购价政策能够显著提高粮食市场价格和降低市场价格波动率,对稳定国内粮食市场起到了重要的促进作用。

粮食最低收购价政策实施期间,我国粮食价格整体呈波动上涨趋势,小麦国内价格平稳上涨,国外小麦价格波动下降,国内外小麦价格差不断增加。实证结果表明,粮食价格模型中粮食最低收购价政策指标系数为正,通过了 5% 的显著性检验,最低收购价政策对小麦市场价格存在显著的正向影响,政策实施能够显著提升小麦市场价格。粮食价格波动率模型中最低收购价政策指标系数为负,通过了 1% 的显著性检验,政策实施能够显著降低小麦市场价格波动性,对国内粮食市场稳定起到了重要的促进作用。

二是粮食最低收购价政策实施对粮食生产存在显著促进作用,随着政策的持续实施,政策增产效应逐渐减弱,粮食产量的增加更多地受到粮食单产的影响。

考察粮食最低收购价政策对粮食生产的影响发现：总产量模型中，粮食最低收购价政策变量系数值呈先下降后上升再下降的趋势。政策实施初期，政策增产效应明显，粮食最低收购价格水平较低背景下产量增速下降；随着政策的持续实施，政府不断提高粮食最低收购价格显著增加了小麦总产量；近年来，粮食最低收购价政策增产效应减弱。播种面积模型中，不同时间段小麦最低收购价政策变量均通过了5%的显著性检验，表明政策实施始终对小麦播种面积存在显著的正向影响。由于粮食播种面积和单产共同影响粮食总产量，在政策调整阶段，小麦单产水平发生较大变化，小麦总产量并没有因播种面积持续增加而显著增长，考虑到小麦播种面积增加的不可持续性，长期来看，粮食总产量的增加更多地依赖于单产水平的提高。

三是粮食最低收购价政策实施能够显著增加农户收益，随着政策的持续实施，政策增收效应逐渐减弱甚至消失。

考察粮食最低收购价政策对农户收益的影响可以发现：粮食最低收购价政策实施以来，小麦生产净收益呈先增加后下降趋势，粮食最低收购价格难以持续增长和生产成本高企双重压力下，政策增收效应逐渐减弱。具体来看：粮食最低收购价政策实施初期，农户种植小麦的净收益得到有效提升，政策增收效应显著，随着粮食最低收购价格的不断提高，小麦生产成本处于低速增长阶段，粮食最低收购价格提高能够助推小麦价格升高，农户小麦种植收益得到有效保障。2014年以后，小麦最低收购价格停止持续增长态势，小麦生产成本无法迅速下降，小麦种植收益被高企的生产成本稀释，政策增收效应逐渐减弱甚至消失。近年来，小麦最低收购价格有所增加，农户种植收益有所提升。

四是粮食最低收购价政策改革应采取"保留最低收购价格托底功能，配套粮食生产者补贴，尽快推进脱钩补贴制度"方式。

通过对比粮食最低收购价政策和生产者补贴政策的社会福利效应和制度成本可以发现，无制度成本的情形下，两种政策实施均能够增加社会福利效应。粮食最低收购价政策实施过程中，政策实施成本不断增长背景下会稀释政策福利效应甚至出现社会福利受损现象；生产者补贴政策实际上是政府对生产者进行了转移支付，社会总福利并没有存在变化，并且还会因为政策实施成本的存在而减少社会总福利。本书认为粮食最低收购价政策改革不能放弃价格支持制度，应当使粮食最低收购价格保持在较低水平，保留其托底功能，以"市场定价为基础,价补分离为方向,配套措施为辅助"为原则,采取"保留最低收购价格托底功能,配套粮食生产者补贴,尽快推进脱钩补贴制度"的方式,逐步形成市场定价为基础的粮食价格形成机制,实现市场稳定、农民增收和粮食安全的政策目标。

第二节 政策启示

粮食最低收购价政策对稳定国内粮食市场、保障粮食供给和增加农户收益存在重要影响,政策目标的多重性和国内外粮食市场环境的变化也导致政策实施面临国内外粮食价格倒挂、粮食进口激增、政府财政负担过重等负面问题,农户种粮收益无法得到有效保障,无法满足粮食生产与农业发展的可持续性特征。因此,减少政府对粮食市场的过度干预,消除市场机制的扭曲作用,建立起以市场价格为基础的粮食价格形成机制才是现阶段以及今后时期我国粮食政策改革的目标与方向。对此,本书提出以下几点政策建议。

第一,坚持粮食市场化导向,逐步推进粮食最低收购价政策改革。

我国粮食最低收购价政策已实施多年,政策启动的高频性导致粮食调控体系过于简单,粮食市场政策化倾向严重,粮食最低收购价格成为影响粮食市场供给的重要因素,农户对该项政策存在较强的政策依赖性。如果突然取消粮食最低收购价政策,可能会导致一系列的利益损失与矛盾,引起国内粮食产量产生巨大波动,甚至引发粮食安全危机并对国际粮食市场产生显著影响。观察美国等发达国家农业支持政策历程,无论美国补贴制度如何改革,价格支持政策依旧被保留下来对主要农产品进行保护。因此,在保留粮食最低收购价政策的基础上,政府应逐步降低粮食最低收购价格,减少政府干预,特别是中粮和中储粮等国企应避免出现大量、高价收购行为,防止出现释放错误的价格信号,避免出现阻碍粮食市场机制形成和打击其他市场主体积极性的现象,消除市场扭曲机制,最终实现"市场市"回归。与此同时,政府可以出台生产者补贴政策,以弥补因粮食最低收购价格下降带来的农户收益受损情况,防止粮食生产出现不稳定现象。

第二,逐渐降低粮食生产成本,多渠道增加农户收入。

(1)鼓励农户适度规模经营。近年来,劳动力价格、生产资料价格和土地租金等不断增长,粮食生产成本不断增加,我国粮食生产已经进入高成本时代。主要原因在于:一是我国粮食生产特征呈小农经营模式,为了追求短期生产利润,农户往往通过投入过量的生产要素来增加粮食产量,在一定程度上增加了粮食生产成本;二是为了缓解生产成本增加引致的农民收益受损问题,政府不断提高粮食最低收购价格,生产成本增加推动了粮食最低收购价格的上涨,粮食最低收购价格提升反过来又导致生产成本持续增加,粮食市场最终进入"成本增加—粮食最低收购价格增加—成本增加—……"的怪圈。基于此,政府部门应继续大力发展各种新型粮食经营主体,如家庭农场、粮食生产合作社、粮食种植专业户和种粮大户等,重点扶持这类粮食生产者,秉持规模化与专业化的补贴原则,对其进行专项补贴和特惠制补贴,并且利用现代化手段来提高粮食生产的机械化和种植管理水平,通过发挥规模效应来降低粮食生产成本,缩小国内外价格差,维护国家粮食安全。

(2)提高农户市场适应能力。现阶段,农户家庭收益中来源于粮食种植的收益不断下降,但对于部分农户来讲,种粮收入仍然是其最基本的生活保障。粮食最低收购价政策改革过程中,虽然配套生产者补贴政策来保障农户收入不受损失,但更应该从农户自身角度出发通过提升农户市场适应能力来实现收入增长。首先,政府部门应当重视农村劳动力的教育与培训工作,借助于各种农业培训渠道,培育职业农民,提高粮食生产效率,使其利用先进的生产知识和管理手段,科学种植,最终实现农民增收目标。其次,在保障我国主粮供给的前提下,政府部门应当科学地引导农户调整粮食种植结构,实现种植结构的合理化与市场化,在满足粮食市场多样化需求的同时,又能够有效降低农户面临的市场风险,稳定其粮食生产收益。

第三,增加"绿箱"政策措施,重视保险和期货市场。

粮食最低收购价政策和挂钩的生产者补贴政策均不属于"绿箱"政策范畴。长期来看,我国粮食支持政策应向"绿箱"政策方向调整,借鉴美国、欧盟等农业政策经验,发展种粮收益保险制度,完善和发展粮食期货市场。

(1)重视种粮收益保险制度。粮食生产具有显著的地域性与季节性特征,产量和价格很容易受到自然环境等外部因素的影响。为降低粮食生产面临的经济风险与市场风险,美国、欧盟等农业支持政策较为完善的国家都十分重视粮食等农作物的收益保险制度。需要注意的是,农业保险目的是通过减轻自然灾害降低对农户的不利影响,但只有当自然灾害发生并对农户造成实际损失并且损失率达到一定百分比时,农户才能够获得保险赔付,如果投保期间粮食生产正常,农户保费则只会增加农户生产成本。基于此,政府部门应建立健全适合我国国情的粮食保险体系,增加粮食保险支持力度,扩大农产品保险覆盖范围,提高主要粮食作物保险的保费比例,鼓励开展多种形式的互助合作保险,规范管理农业保险大灾风险准备金,加快建立财政支持的农业保险大灾风险分散机制等。

(2)完善和发展粮食期货市场。期货市场具有价格发现和规避风险的功能,市场经济条件下,期货等金融产品能够有效降低粮食市场周期性价格波动对生产者的影响,成为助力农产品销售和流通的重要工具。粮食支持政策市场化改革过程中,粮食价格反映市场供求关系,发挥资源配置作用,农户粮食供给行为更多地受到粮食市场价格的影响,根据市场价格作出生产决策。在此背景下,政府部门应重视粮食期货市场的作用,完善和发展粮食期货市场,充分发挥粮食期货市场的价格发现功能,从而能够更好地引导农户粮食生产。对此,政府部门可以加强对农户期货知识的培训,增强其市场意识,健全期货市场法律体系,加强对粮食期货市场交易主体的培育与监管。

参考文献

[1] 曹宝明.中国粮食流通市场化改革进程分析[J].江苏社会科学,2001(4):23-30.

[2] 曹慧,张玉梅,孙昊.粮食最低收购价政策改革思路与影响分析[J].中国农村经济,2017(11):33-46.

[3] 曹元芳.基于多层级委托代理的金融机构内部道德风险模型[J].上海金融,2008(1):53-56.

[4] 曾庆芬.农业的弱质性与弱势性辨析[J].云南社会科学,2007(6):94-97.

[5] 程国强,朱满德.中国工业化中期阶段的农业补贴制度与政策选择[J].管理世界,2012(1):9-20.

[6] 程国强,朱满德.中国粮食宏观调控的现实状态与政策框架[J].改革,2013(01):18-34.

[7] 程国强.发达国家农业补贴政策的启示与借鉴[J].红旗文稿,2009(15):22-24.

[8] 程国强.为什么要探索建立农产品目标价格制度[J].农经,2014(4):10.

[9] 程国强.中国农业补贴:制度设计与政策选择[M].北京:中国发展出版社,2011.

[10] 邓大才.粮食价格变化的增收效应研究:1978—2004[J].经济学家,2009(2):48-53.

[11] 董利苹,李先婷,高峰等.美国和欧盟农业政策发展研究及对中国的启示[J].世界农业,2017(1):91-97.

[12] 樊琦,祁华清,李霜.粮食目标价格制度改革研究——以东北三省一区大豆试点为例[J].宏观经济研究,2016(9):20-30.

[13] 樊琦,祁华清.国内外粮价倒挂下粮食价格调控方式转型研究[J].宏观经济研究,2015,(9):23-31+97.

[14] 方鸿.中国粮食最低收购价合理确定机制研究[J].经济与管理,2009,23(4):20-25.

[15] 冯建国."大粮食"的概念与意义[A].中国农业资源与区划学会.2014年中国农业资源与区划学会学术年会论文集[C].中国农业资源与区划学会:中国农业资源与区划学

会,2014:20.

[16] 高帆.中国农业弱质性的依据、内涵和改变途径[J].云南社会科学,2006(3):49-53.

[17] 高婧,曹宝明,李宁.小麦最低收购价政策对化肥施用强度的影响——基于农地权属的调节效应[J].资源科学,2022,44(02):320-333.

[18] 高鸣,寇光涛,何在中.中国稻谷收储制度改革研究:新挑战与新思路[J].南京农业大学学报(社会科学版),2018,18(5):131-137+159.

[19] 耿仲钟,肖海峰.农业支持政策改革:释放多大的黄箱空间[J].经济体制改革,2018(3):67-73.

[20] 龚锡强.提高粮食最低收购价对我国粮食市场的影响[J].中国粮食经济,2009(4):15-17.

[21] 国家发展和改革委员会产业经济与技术经济研究所课题组.构建我国新的粮食价格支持政策框架的建议[J].经济纵横,2016,(05):61-65.

[22] 果文帅,王静怡,陈珏颖等.美国农业政策演变阶段、趋势和启示[J].中国农业科技导报,2016,18(6):9-15.

[23] 贺伟,朱善利.我国粮食托市收购政策研究[J].中国软科学,2011(9):10-17.

[24] 贺伟.我国粮食最低收购价政策的现状、问题及完善对策[J].宏观经济研究,2010(10):32-36+43.

[25] 洪燕真,冯亮明.木本粮油补贴政策实际效果分析及其经济学解释[J].林业科学,2017,53(8):113-119.

[26] 侯晓.粮食最低收购价调整的政策模拟与效应分析——兼论能否取消最低收购价政策[J].当代经济,2018(23):98-103.

[27] 侯学煜.如何看待粮食增产问题[N].人民日报,1981-3-6.

[28] 胡迪,杨向阳,王舒娟.大豆目标价格补贴政策对农户生产行为的影响[J].农业技术经济,2019(03):16-24.

[29] 胡华.粮食收购价格与农民收入关系研究[J].统计与决策,2009(22):116-118.

[30] 黄汉权,蓝海涛,王为农等.我国农业补贴政策改革思路研究[J].宏观经济研究,2016(8):3-11.

[31] 黄季焜,王丹,胡继亮.对实施农产品目标价格政策的思考——基于新疆棉花目标价格改革试点的分析[J].中国农村经济,2015(5):10-18.

[32] 贾娟琪,李先德,孙致陆.中国主粮价格支持政策促进了农户增收吗?——基于农业农村部全国农村固定观察点调查数据的实证研究[J].华中农业大学学报(社会科学

版),2018(6):39-47+152-153.

[33] 贾娟琪,李先德,王士海.中国粮食价格支持政策对国内外粮食价格溢出效应的影响研究——基于 VEC-DCC-GARCH 模型的分析[J].华中农业大学学报(社会科学版),2016(6):41-47+143.

[34] 贾娟琪,李先德,王士海.中国主粮价格支持政策效应分析——基于产销区省级面板数据[J].农业现代化研究,2016,37(4):680-686.

[35] 贾娟琪,李先德.粮食价格调控政策对粮价波动的影响[J].华南农业大学学报(社会科学版),2016,15(1):62-71.

[36] 贾娟琪.我国主粮价格支持政策效应研究[D].中国农业科学院,2017.

[37] 柯炳生.三种农业补贴政策的原理与效果分析[J].农业经济问题,2018(8):4-9.

[38] 柯炳生.市场经济条件下农业政策目标的冲突与协调——兼论粮食生产、价格和农民收入的关系[J].农业经济问题,1993(2):38-43.

[39] 黎晓明.改革现行粮食超购加价政策的初步探讨[J].北京商学院学报,1984(3):56-59.

[40] 李邦熹,王雅鹏.小麦最低收购价政策对农户福利效应的影响研究[J].华中农业大学学报(社会科学版),2016,(4):47-52+129.

[41] 李波.我国粮食最低收购价政策效果与评价研究[J].价格理论与实践,2016(11):70-73.

[42] 李德锋.农业弱质性若干表现及原因分析[J].农村经济,2004(11):77-78.

[43] 李登旺,仇焕广,吕亚荣等.欧美农业补贴政策改革的新动态及其对我国的启示[J].中国软科学,2015(8):12-21.

[44] 李光泗,曹宝明,马学琳.中国粮食市场开放与国际粮食价格波动——基于粮食价格波动溢出效应的分析[J].中国农村经济,2015(8):44-52+66.

[45] 李光泗,王莉,刘梦醒.粮食价格支持与农业生产反应——基于小麦数据的实证分析[J].江苏师范大学学报(哲学社会科学版),2017,43(06):126-132.

[46] 李光泗,郑毓盛.粮食价格调控、制度成本与社会福利变化——基于两种价格政策的分析[J].农业经济问题,2014,35(8):6-15+110.

[47] 李京栋,李先德.最低收购价政策调整对我国粮食安全的影响——以稻谷为例[J].中国农业资源与区划,2022,43(03):46-57.

[48] 李经谋,杨光焰.对市场放开后我国粮食价格调控问题的反思[J].粮食问题研究,2008(2):20-24.

[49] 李利英,肖开红.我国粮食补贴政策的目标取向及改革思路[J].中州学刊,2015

(8):39-44.

[50] 李鹏.中国粮食储备体制改革思考与建议[J].中国市场,2018(31):9-12+19.

[51] 李雪,韩一军,付文阁.最低收购价政策对小麦市场价格波动影响的实证分析[J].华中农业大学学报(社会科学版),2018(2):1-7+154.

[52] 李雪,袁青青,韩一军.价格支持政策对粮食种植面积的影响机理分析——以小麦省级面板数据为例[J].中国农业资源与区划,2019,40(1):89-96.

[53] 李长风.粮食经济四百题[M].北京:中国商业出版社,1991.

[54] 廖进球,黄青青.改革开放以来粮食收购价格政策演进轨迹[J].现代经济探讨,2018(8):30-37.

[55] 林云华.论农产品价格支持制度的福利效应[J].怀化学院学报,2004(2):100-101.

[56] 刘超,朱满德.我国粮食价格支持政策效应的溢出及其影响研究[J].广东农业科学,2015,42(11):173-179.

[57] 刘克春.粮食生产补贴政策对农户粮食种植决策行为的影响与作用机理分析——以江西省为例[J].中国农村经济,2010(2):12-21.

[58] 刘艳.中国农业弱质性探究[J].求是学刊,1998(3):47-50.

[59] 刘振滨,林丽梅,郑逸芳.粮食价格补贴政策改革:基于直接补贴与价格补贴的辨析[J].上海经济研究,2016,(10):61-65+75.

[60] 陆福兴.粮食准公共产品属性与国家农业政策[J].粮食科技与经济,2011,36(4):11-13.

[61] 罗超平,牛可,张梓榆等.粮食价格波动与主产区农户福利效应——基于主产区省际面板数据的分析[J].中国软科学,2017,(2):37-53.

[62] 罗瑞鸿,陈香玲.粮用果树:广西林果业发展的新亮点和新起点[J].广西农学报,2011,26(3):42-45.

[63] 马红坤,曹原,毛世平.欧盟共同农业政策的绿色转型轨迹及其对我国政策改革的镜鉴[J].农村经济,2019(3):135-144.

[64] 马晓河.新时期我国需要新的粮食安全制度安排[J].国家行政学院学报,2016(3):76-80.

[65] 苗珊珊.粮食价格波动对农村与城镇人口福利变动的影响差异分析[J].财贸研究,2014,25(5):46-53.

[66] 彭澧丽.中国粮食生产政策对粮食生产的影响[D].湖南农业大学,2014.

[67] 彭长生,王全忠,李光泗等.稻谷最低收购价调整预期对农户生产行为的影

响——基于修正的 Nerlove 模型的实证研究[J].中国农村经济,2019(07):51-70.

[68] 皮埃尔·布阿吉尔贝尔.谷物论、论财富、货币和赋税的性质[M].商务印书馆,1979年中译本.

[69] 钱加荣,曹正伟.我国粮食价格支持政策与生产成本关系研究——基于面板 Granger 因果检验分析[J].价格理论与实践,2017(3):86-88.

[70] 任军军,王文举.我国粮食最低收购价政策发展研究[J].湖北经济学院学报(人文社会科学版),2010,7(6):29-30.

[71] 施勇杰.新形势下我国粮食最低收购价政策探析[J].农业经济问题,2007(6):76-79.

[72] 石大千,丁海,卫平等.智慧城市建设能否降低环境污染[J].中国工业经济,2018(6):117-135.

[73] 孙杭生,顾焕章.我国粮食收购保护价政策及定价机制研究[J].南京农业大学学报(社会科学版),2002(1):11-17.

[74] 孙瑜,李国祥.中国粮食征购主要方式的发展变化及启示[J].南京社会科学,2013(04):14-20.

[75] 谭秋成.农村政策为什么在执行中容易走样[J].中国农村观察,2008(4):2-17+80.

[76] 谭晓风,马履一,李芳东等.我国木本粮油产业发展战略研究[J].经济林研究,2012,30(1):1-5.

[77] 谭砚文,杨重玉,陈丁薇等.中国粮食市场调控政策的实施绩效与评价[J].农业经济问题,2014,35(5):87-98+112.

[78] 唐正芒,莫庆红.粮食统购统销三题[J].河南工业大学学报(社会科学版),2014,10(3):9-14.

[79] 唐正芒.试论1955年的粮食"三定"工作[J].党史研究与教学,2011(04):5-13.

[80] 田建民,孟俊杰.我国现行粮食安全政策绩效分析[J].农业经济问题,2010,31(3):11-15+110.

[81] 童馨乐,胡迪,杨向阳.粮食最低收购价政策效应评估——以小麦为例[J].农业经济问题,2019(09):85-95.

[82] 万晓萌,周晓亚.我国粮食最低收购价政策实施效果评价研究——基于农业供给侧结构性改革背景下的分析[J].价格理论与实践,2018(3):119-122.

[83] 王力,孙鲁云.最低收购价政策能稳定粮食价格波动吗[J].农业技术经济,2019(2):111-121.

[84] 王利荣,芮莉莉.目标价格补贴政策对棉花生产的影响分析——基于PSM-DID的实证研究[J].中国农业资源与区划,2021,42(12):228-236.

[85] 王士海,李先德.粮食最低收购价政策托市效应研究[J].农业技术经济,2012(4):105-111.

[86] 王士海,李先德.中国政策性粮食竞价销售对市场价格有影响吗?——以小麦为例[J].中国农村经济,2013(2):61-70+95.

[87] 王薇薇,谢琼,王雅鹏等.粮食收购市场各主体利益协调的经济学分析[J].中国农村观察,2009(4):13-19+96.

[88] 王文涛,王富刚.贸易摩擦背景下玉米生产者补贴制度的经济效应及政策优化[J].湘潭大学学报(哲学社会科学版),2018,42(6):17-23.

[89] 王文涛,张美玲.我国粮食生产者补贴制度渊源、理论基础与改革方向[J].农村经济,2019(2):39-46.

[90] 王小叶.中国粮食价格支持政策调整建议:美国价格支持政策演化路径之借鉴[J].农村经济,2017(3):122-128.

[91] 王秀清,Weldegebriel H T, Rayner A J.纵向关联市场间的价格传递[J].经济学(季刊),2007(3):885-898.

[92] 王玉霞,孔喜梅.农业弱质性的原因及对策[J].农村经济与科技,2004(9):6-7.

[93] 吴敌,明洋.略论农业的弱质性[J].农村经济,2004(11):74-76.

[94] 吴楠,吕清正."黄箱"补贴制度的国际经验及其借鉴价值[J].华东经济管理,2017,31(7):118-123.

[95] 吴雪燕.美国农业补贴政策及其对我国的启示[J].西南民族大学学报(人文社科版),2010,31(8):130-134.

[96] 吴应华,罗剑朝.论当前加强财政对农业支持与保护的必要性[J].华中农业大学学报(社会科学版),2002(4):60-64.

[97] 武舜臣,吴闻潭,蒋文斌.目标价格是应对"托市困局"的良方吗?——对当前国内价格改革效果的再思考[J].当代经济管理,2017,39(1):36-40.

[98] 武文.农业弱质性的三种表现[J].农村工作通讯,2004(2):27.

[99] 肖春阳.国有粮食企业研究[M].北京:经济管理出版社,2009.

[100] 肖春阳.新中国粮食流通体制时期的划分[J].中国粮食经济,2019(8):44-48.

[101] 肖春阳.中外粮食、粮食安全概念比较[J].黑龙江粮食,2009(2):40-43.

[102] 肖春阳.中外粮食概念比较[N].粮油市场报,2013-06-27(B02).

[103] 肖小勇,李崇光,李剑.国际粮食价格对中国粮食价格的溢出效应分析[J].中国

农村经济,2014(2):42-55.

[104] 谢维扬.中国早期国家[M].杭州:浙江人民出版社,1995.

[105] 辛翔飞,孙致陆,王济民等.国内外粮价倒挂带来的挑战、机遇及对策建议[J].农业经济问题,2018(3):15-22.

[106] 新中国成立第一年解决粮食问题的实践及其经验 http://dangshi.people.com.cn/n/2014/0504/c384616-24971813.html

[107] 熊应明.粮食购销与价格"双轨制"的思考[J].南方经济,1990(3):45-47+2.

[108] 徐雪高,吴比,张振.大豆目标价格补贴的政策演进与效果评价[J].经济纵横,2016(10):81-87.

[109] 徐永金,陆迁.粮食价格波动对主产区福利影响的实证分析[J].财贸研究,2012,23(5):61-67.

[110] 杨军.主要发达国家农业政策变化及启示[J].中国猪业,2015,10(5):11-15.

[111] 叶芳,王燕.双重差分模型介绍及其应用[J].中国卫生统计,2013,30(1):131-134.

[112] 于晓华,武宗励,周洁红.欧盟农业改革对中国的启示:国际粮食价格长期波动和国内农业补贴政策的关系[J].中国农村经济,2017(2):84-96.

[113] 袁辉斌,欧阳涛.粮食最低收购价格与农民收入的相关性研究——以湖南省为例[J].湖南农业大学学报(社会科学版),2011,12(3):6-10.

[114] 詹琳,蒋和平.粮食目标价格制度改革的困局与突破[J].农业经济问题,2015,36(2):14-20+110.

[115] 张改清.粮食最低收购价政策下农户储售粮行为响应及其收入效应[J].农业经济问题,2014,35(7):86-93+112.

[116] 张红宇,赵革.新农村建设要充分释放农业的多重功能[J].农村经济,2006(5):3-6.

[117] 张建杰.对粮食最低收购价政策效果的评价[J].经济经纬,2013(5):19-24.

[118] 张留征.试论农产品超购加价的改革[J].经济研究,1982(6):45-50.

[119] 张爽.粮食最低收购价政策对主产区农户供给行为影响的实证研究[J].经济评论,2013(1):130-136.

[120] 张涛,李晓辉.美国、日本、巴西农业补贴政策对中国农业政策的启示[J].粮食科技与经济,2018,43(8):31-37.

[121] 张天佐,郭永田,杨洁梅.基于价格支持和补贴导向的农业支持保护制度改革回顾与展望[J].农业经济问题,2018(11):4-10.

[122] 中华人民共和国林业部森林经营司森林副产处.木本粮油植物[M].北京:中国农业出版社,1965.

[123] 钟甫宁.粮食储备和价格控制能否稳定粮食市场?——世界粮食危机的若干启示[J].南京农业大学学报(社会科学版),2011,11(2):20-26.

[124] 钟甫宁.世界粮食危机引发的思考[J].农业经济问题,2009(4):4-9+110.

[125] 钟钰,陈博文,孙林等.泰国大米价格支持政策实践及启示[J].农业经济问题,2014,35(10):103-109+112.

[126] 钟钰,陈希,牛坤玉.粮食出口限制政策的实施效果与我国应对——来自部分小麦出口国的证据[J].经济纵横,2021(08):29-39+137.

[127] 钟钰,李光泗,果文帅.中国粮食市场调控效率的实证检验——基于粮食价格波动分析[J].经济问题,2016(4):111-116.

[128] 钟钰,秦富.我国价格支持政策对粮食生产的影响研究[J].当代经济科学,2012,34(3):119-123+128.

[129] 周静,曾福生."变或不变":粮食最低收购价下调对稻作大户种植结构调整行为研究[J].农业经济问题,2019(3):27-36.

[130] 周静,曾福生.农业支持保护补贴的政策认知及其对满意度的影响研究——基于湖南省419个稻作大户的调查[J].农村经济,2019(4):88-94.

[131] 周章跃,陈良彪.从"保量放价"到"提价定购"——1994年中国粮食收购制度改革的进程与评价[J].改革,1995(5):55-58.

[132] 周洲,石奇.托市政策下我国粮食供给反应实证分析——基于稻谷、小麦和玉米主产省的面板数据模型[J].农林经济管理学报,2018,17(3):282-291.

[133] 朱福守,蒋和平.我国农业"四项补贴"政策回顾与建议[J].中国农业科技导报,2016,18(5):1-7.

[134] 朱满德,程国强.棉花目标价格补贴试点政策成效及完善建议[J].经济纵横,2017(11):90-96.

[135] 朱满德,程国强.中国农业的黄箱政策支持水平评估:源于WTO规则一致性[J].改革,2015(5):58-66.

[136] 朱满德.中国粮食宏观调控的成效和问题及改革建议[J].农业现代化研究,2011,32(4):390-394.

[137] 邹凤羽.我国粮食流通支持政策面临的困局与粮食流通市场化改革[J].农业经济,2017(6):109-111.

[138] Alem Y, Köhlin G. The impact of food price inflation on subjective well-being:

Evidence from urban Ethiopia[J]. *Social Indicators Research*, 2014, 116(3): 853-868.

[139] Ali S Z, Sidhu R S, Vatta K. Effectiveness of minimum support price policy for paddy in India with a case study of Punjab[J]. *Agricultural Economics Research Review*, 2012, 25(2): 231-242.

[140] An H, Qiu F, Zheng Y. How do export controls affect price transmission and volatility spillovers in the Ukrainian wheat and flour markets? [J]. *Food Policy*, 2016, 62: 142-150.

[141] Arnade C, Cooke B, Gale F. Agricultural price transmission: China relationships with world commodity markets[J]. *Journal of Commodity Markets*, 2017(7): 28-40.

[142] Bakhshoodeh M, Thomson K J. Social welfare effects of removing multiple exchange rates: evidence from the rice the trade in Iran[J]. *Agricultural economics*, 2006, 34(1): 17-23.

[143] Barkley A P. Wheat price policy in Pakistan: A welfare economics approach[J]. *The Pakistan Development Review*, 1992, 31(4): 1145-1156.

[144] Bellemare M F, Barrett C B, Just D R. The welfare impacts of commodity price volatility: Evidence from rural Ethiopia[J]. *American Journal of Agricultural Economics*, 2013, 95(4): 877-899.

[145] Brennan D. Price dynamics in the Bnagladesh rice market: Implications for public intervention[J]. *Agricultural Economics*, 2003, 29(1): 15-25.

[146] Brooks J. Policy coherence and food security: The effects of OECD countries' agricultural policies[J]. *Food Policy*, 2014, 44(C): 88-94.

[147] Capaldi N, Lloyd G. *The two narratives of political economy*[M]. John Wiley & Sons, Inc., 2010.

[148] Ceballos F, Hernandez M A, Minot N, et al. Grain price and volatility transmission from international to domestic markets in developing countries[J]. *World Development*, 2017, 94: 305-320.

[149] Chen L J, Hu S W, Wang V, et al. The effects of purchasing and price subsidy policies for agricultural products under target zones[J]. *Economic Modelling*, 2014, 43: 439-447.

[150] Cummings Jr R, Rashid S, Gulati A. Grain price stabilization experiences in Asia: What have we learned? [J]. *Food Policy*, 2006, 31(4): 302-312.

[151] De Gorter H, Fisher E O N. The dynamic effects of agricultural subsidies in the United States[J]. *Journal of Agricultural and Resource Economics*, 1993, 18(2): 147-159.

[152] De Gorter H, Ingco M, Ignacio L. Domestic support for agriculture: Agricultural policy reform and developing countries[R]. World Bank Group, Umited States of America, 2023.

[153] Deaton A. Rice and income distribution in Thailand: A non-parametric analysis[J]. *Economic Journal*, 1989, 99(395): 1-37.

[154] Dollery B E, Wallis J L. Market failure, government failure, leadership and public policy[J]. *Journal of Interdisciplinary Economics*, 1997, 8(2): 113-126.

[155] Duangbootsee U, Myers R. A comparison of the Welfare Impacts of Thai rice price support and deficiency payment programs[R]. 2015.

[156] Effland A, Glauber J. Agricultural policy in the United States: From price support and protectionism, to subsidies, payments, and risk management[R]. Enternarional Agricultural Trade Research Consorrium, 2015.

[157] Fauvel L, Klamm U. The effects of policies of price support on agricultural incomes[C]// The Distribution of National Income: Proceedings of a Conference held by the International Economic Association. London: Palgrave Macmillan UK, 1968: 698-725.

[158] Feldman A M, Serrano R. *Welfare economics and social choice theory*[M]. Springer Science & Business Media, 2006.

[159] Gozgor G. Effects of the agricultural commodity and the food price volatility on economic integration: an empirical assessment[J]. *Empirical Economics*, 2019, 56(1): 173-202.

[160] Hale E E. Some implications of Keynes general theory of employment, interest, and money[J]. *Review of Radical Political Economics*, 1976, 8(4): 32-41.

[161] Hammond J W. Agricultural price and income policy in Norway[J]. *Food Policy*, 1991, 16(4): 342-344.

[162] Hansen H O. Policy schemes and trade in dairy products | Agricultural policy schemes: Price and support systems in agricultural policy[J]. Encyclopedia of Dairy Sciences, 2011, 2: 286-294.

[163] Harris R L. A computable general equilibrium analysis of Mexico's agricultural policy reforms[R]. 2001.

[164] Harwood J. An overview of the US agricultural economy and the 2008 farm bill

[J]. *Agricultural and Resource Economics Review*, 2009, 38(1):8-17.

[165] Hays J F. *Global agricultural price supports: The political and economic forces that drive unsustainable agricultural protectionism policy*[M]. The University of Southern Mississippi, 2010.

[166] Holcombe R G. Public Goods Theory and Public Policy[J]. *Journal of Value Inquiry*, 2000, 34(2):273-286.

[167] Hueth B. The goals of US agricultural policy: a mechanism design approach [J]. *American Journal of Agricultural Economics*, 2000, 82(1): 14-24.

[168] Imai K S, Gaiha R, Thapa G B. Transmission of world commodity prices to domestic commodity prices in India and China[J]. *Brooks World Poverty Institute Working Paper*, 2008(45).

[169] Inomata N. Price Supports and exchange rate adjustments; implications for Japanese wheat and beef markets, 1960-83[R]. Michigan State University, Department of Agricultural, Food, and Resource Economics, 1986.

[170] Jayne T S, Myers R J, Nyoro J. The effects of NCPB marketing policies on maize market prices in Kenya[J]. *Agricultural Economics*, 2008, 38(3): 313-325.

[171] Jiang S, Cao Z, Wand Z. The general and structural effect of "Four Agricultural Subsidies" on grain yield: Empirical analysis of Chongqing city[J]. *Asian Agricultural Research*, 2012, 4(8):16-22.

[172] Kahlon A S. Integrated agricultural marketing and price policies [J]. *Agricultural Situation in India*, 1990, 45(10):655-657.

[173] Kalemli-Ozcan S, Reshef A, SøRensen B E, et al. Why does capital flow to rich states? [J]. *The Review of Economics and Statistics*, 2010, 92(4):769-783.

[174] Keynes J M. The general theory of employment, interest and money[J]. *Foreign affairs (Council on Foreign Relations)*, 1936, 7(5).

[175] Kim K, Chavas J P. A dynamic analysis of the effects of a price support program on price dynamics and price volatility[J]. *Journal of Agricultural and Resource Economics*, 2002, 27(2):495-514.

[176] Kiryluk-Dryjska E, Baer-Nawrocka A. Reforms of the common agricultural policy of the EU: Expected results and their social acceptance[J]. *Journal of Policy Modeling*, 2019, 41(4): 607-622.

[177] Mancosu N, Snyder R L, Kyriakakis G, et al. Water scarcity and future

challenges for food production[J]. *Water*, 2015, 7(3):975-992.

[178] Mollett J A. The impact of agricultural price policy in developing countries[J]. *Intereconomics*, 1988, 23(1):19-24.

[179] OECD. *Agricultural policy monitoring and evaluation* 2014:*OECD countries*[M]. OECD Publishing, 2014.

[180] Orden D, Paarlberg R, Roe T. *Policy reform in American agriculture: Analysis and prognosis*[M]. University of Chicago Press, 1999.

[181] Pe'er G, Dicks L V, Visconti P, et al. EU agricultural reform fails on biodiversity[J]. *Science*, 2014, 344(6188):1090-1092.

[182] Raghavarao D, Wiley J B. Theory & Methods: Estimating main effects with pareto optimal subsets[J]. *Australian & New Zealand Journal of Statistics*, 1998, 40(4):425-432.

[183] Rahji M A Y, Ilemobayo O O, Fakayode S B. Rice supply response in Nigeria: An application of the Nerlovian adjustment model[J]. *Medwell Agricultural Journal*, 2008, 3(3):229-234.

[184] Rezitis A N, Stavropoulos K S. Modeling beef supply response and price volatility under CAP reforms: The case of Greece[J]. *Food Policy*, 2010, 35(2):163-174.

[185] Samuelson P A. The Pure Theory of public expenditure[J]. *The Review of Economics and Statistics*, 1954, 36(4):387-389.

[186] Segal S A, Hoffman A C. Food price control: Policy and mechanics[J]. *Journal of Farm Economics*, 1943, 25(1):19-33.

[187] Tekin N. Common agricultural policy[J]. *Law & Justice*, 2013, IV(1):183-199.

[188] Traill B. The effect of price support policies on agricultural investment, employment, farm incomes and land values in the UK[J]. *Journal of Agricultural Economics*, 1982, 33(3):369-385.

[189] Tweeten L, Zulauf C. Farm price and income policy: Lessons from history[J]. *Agribusiness: An International Journal*, 2008, 24(2):145-160.

[190] Wei X Z, Jin L F, Wu J M. Research on the effect of the grain financial direct subsidies based on grey incidence analysis[J]. *Atlantis Press*, 2015:525-528.

[191] Weyerbrock S. Reform of the European Union's common agricultural policy: How to reach GATT-compatibility? [J]. *European Economic Review*, 1998, 42(2):

375-411.

[192] Xu X, Hu H, Tan T, et al. Quantifying the impacts of climate variability and human interventions on crop production and food security in the Yangtze River Basin, China, 1990—2015[J]. *Science of The Total Environment*, 2019, 665: 379-389.